함께 영광의 길을 걷다

개인과 소그룹을 위한 로마서 성경 공부 교재

함께 영광의 길을 걷다

2021년 02월 05일 초판 1쇄

지은이	김명일 정혜덕
펴낸이	김명일
디자인	정보람 beentm.boram@gmail.com

펴낸곳	깃드는 숲
주 소	부산시 북구 낙동대로 1762번길 60 1204호
팩 스	051-331-6786
이메일	hoop1225@gmail.com

ISBN   979-11-970918-1-0

개인과 소그룹을 위한 로마서 성경 공부 교재

함께
영광의
길을
걷다

김명일 정혜덕

깃드는숲

차례

김명일

성균관대학교에서 중어중문학을 공부했다.
고려신학대학원에서 목회학 석사(M.Div) 과정을 마치고 미국 칼빈신학교
(Th.M)와 남침례신학교(Ph.D)에서 신약학을 전공했다.
고려신학대학원 외래교수와 학생신앙운동(SFC)간사로 사역하고 있다.
역서로 <바울에 관한 새로운 탐구>를 냈다.

정혜덕

고려대학교에서 국어교육을,
장로회신학대학교 대학원에서 기독교교육학을 공부했다.
기독교 대안학교인 밀알두레학교에서 문학과 글쓰기를 가르치고 있다.
<언니, 꼭 그래야 돼?>와 <아무튼, 목욕탕>을 냈다.

———————

　대학 새내기 시절, 교회 대학부 성경 공부 모임은 큰 충격으로 다가왔다. 그 성경 공부 모임에서 성경의 깊이를 처음 맛보았다. 성경 공부 교재를 매주 써서 우리를 가르치시던 목사님들과 리더로 섬기던 형, 누나들의 가르침으로 신앙의 발걸음을 내디디기 시작했다. 이후 신학교에 진학해 신학을 공부했지만 나의 신학의 8할은 20대 초반에 다녔던 교회 대학부에서 형성되었다. 성경을 읽고 이해할 때 선후배와 친구들의 도움을 받았다. 그 도움 덕분으로 신앙이 자랐기에 나도 기회가 된다면 다른 누군가에게 도움을 주고 싶은 마음이 있었다. 나를 지도하셨던 목사님들, 선배들의 마음으로 글을 썼다. 어렵지 않으면서도 성경 본문을 이해하는 데 도움이 되길 바란다. 흔히 로마서는 어려운 성경이라는 말을 많이 한다. 로마서에 조금 더 쉽게 다가갈 수 있도록 글과 질문을 만들었다. 그 시절을 함께 보낸 선배와 교재를 만들 수 있어서 기쁘고 감사하다. 혼자서 묵상할 때, 또는 함께 모여 성경을 읽을 때 이해를 돕는 책이 되길 바란다.

김명일

예수 그리스도의 복음 - 하나님의 영광에 이르는 길

로마서는 로마 교회 교인들에게 보낸 바울의 편지입니다. 로마서 16장에 바울과 함께 고린도에 있었던 사람들의 이름이 기록되어 있는 것으로 보아 바울은 이 편지를 그리스의 고린도에서 기록한 것 같습니다. 그때까지 바울은 로마의 교회를 방문한 적이 없었습니다. 아마도 고린도에서 예루살렘으로 떠나기 전에 이 편지를 쓴 것으로 추측됩니다.

바울은 고린도에서 AD 51-52년 사이에 총독 갈리오와 만났습니다(행 18:12-17). 그리고 에베소에서 2년을 보내고(행 19:10) 다시 고린도로 돌아왔습니다. 학자들은 이러한 바울의 여정을 고려하여 대체로 AD 55-58년에 로마서가 씌었다고 추정합니다. 바울은 스페인

선교를 위해 로마로 가는 길에(롬 15:23-24) 예루살렘을 방문하려고 계획했습니다(롬 15:24-32). 로마로 가려는 바울의 계획은 사도행전에 잘 나타나 있습니다(행 19:10, 21-22). 아마도 에베소에서 이런 계획을 세웠던 것 같습니다. 이 여행은 마게도냐와 아가야를 거쳐 가는 길이었습니다(행 19:21). 실제로 바울은 아가야에서 세 달 정도 머무릅니다(행 20:2-3). 로마서에도 예루살렘의 가난한 성도들을 위해 마게도냐 사람들과 아가야 사람들이 연보한 내용이 언급되어 있습니다(롬 15:26). 아마도 바울은 예루살렘으로 가기 전에 체류했던 고린도에서 로마서를 기록했을 것입니다(행 20:2-3).

로마 교회는 유대인과 이방인이 함께 있는 공동체였을 것입니다. 로마 교회의 시작을 정확히 설명하기는 힘들지만, 아마도 오순절 사건 이후 유대인 그리스도인들이 로마 교회 설립에 영향을 끼쳤을 가능성이 있습니다. 유대인 회당에서 영향을 받은 이방인들이 그리스도인이 되었거나 혹은 이방인들이 유대인 그리스도인들에게 복음을 들어 그리스도인이 된 것으로 보입니다.

보통 로마서는 이신칭의(以信稱義, 믿음으로 의롭다는 선언을 얻는 것)를 가르치는 책으로 알려져 있습니다. 하지만 로마서에는 이신칭의뿐만 아니라 그만큼 비중 있는 다른 주제들이 엮여 있습니다. 물론 이신칭의는 로마서를 관통하는 가장 중요한 주제입니다. 그러나 바울은 로마서에서 이신칭의만을 말하지 않습니다. 이신칭의를 기초로 로마 교회 교인들에게 여러 가지 권면을 합니다.

그중 가장 중요한 주제는 "영광"입니다. 인간은 죄악 때문에 하나님의 영광 앞에 나아갈 수 없습니다. 바울은 선언합니다. "모든 사람이 죄를 범하였으매 하나님의 영광에 이르지 못하더니(롬 3:23)." 사실, 이신칭의는 하나님의 영광과 관련된 문제입니다. 그리스도인의 믿음의 목표는 이신칭의에서 그치는 것이 아니라 하나님의 영광으로 나아가는 것입니다.

우리는 하나님의 영광이라는 말을 들을 때 추상적인 개념으로 이해하는 경우가 종종 있습니다. 그러나 하나님의 영광은 구체적이고 또한 실제적입니다. 영광은 하나님께서 이스라엘 백성들에게 오실 때 그분의 백성들이 경험한 찬란한 광채이며, 임재하실 때 그 백성들이 누릴 수 있는 그분의 존재감입니다. 선지자 이사야는 하나님께서 그를 부르실 때 경험한 하나님의 영광을 다음과 같이 설명합니다.

> 웃시야 왕이 죽던 해에, 나는 높이 들린 보좌에 앉아 계시는 주님을 뵈었는데, 그의 옷자락이 성전에 가득 차 있었다. 그분 위로는 스랍들이 서 있었는데, 스랍들은 저마다 날개를 여섯 가지고 있었다. 둘로는 얼굴을 가리고, 둘로는 발을 가리고, 나머지 둘로는 날고 있었다. 그리고 그들은 큰소리로 노래를 부르며 화답하였다. "거룩하시다, 거룩하시다, 거룩하시다. 만군의 주님! 온 땅에 그의 영광이 가득하다"(사 6:1-3, 새번역).

이와 관련된 그림 언어를 로마서에서 볼 수 있습니다. 바울은 그리스도 안에서 하나님께서 나타내시는 "속량"을 제시합니다. 하나님께서는 이집트의 노예였던 이스라엘 백성을 불러내셨는데, 속량은 그분의 영광이 백성들에게 임하게 하기 위해 하나님께서 친히 지불하시는 대가입니다(롬 3:24). 대제사장은 자기 백성을 속량하기 위해 지성소 안의 언약궤 뚜껑에 제물의 피를 뿌려 백성들이 저지른 죄의 대가를 치릅니다. 로마서에서 하나님께서는 대속죄일의 그림처럼 예수님을 화목 제물로 삼아 대가를 치르신 뒤 그 영광으로 나아가게 하셨습니다(롬 3:25).

또한 바울은 이신칭의의 대표 인물인 아브라함에 관해 다음과 같이 말합니다. "그는 하나님의 약속을 믿고 의심하지 않았습니다. 오히려 그는 믿음이 군세어져서 하나님께 영광을 돌렸습니다(롬 4:20, 새번역)." 이처럼 이신칭의는 하나님의 영광과 뗄 수 없습니다.

하나님께서는 우리를 정하시고 부르셔서 의롭다 하시고 또 영화롭게, 말 그대로 영광스럽게 하셨습니다(롬 8:30). 우리를 의롭다 하심은 우리를 그분의 영광에 이르게 하기 위해서입니다. 그분은 이 영광을 위해서 우리를 예정하셨고 부르셨습니다. 하나님의 예정과 부르심은 우리를 의롭다고 하시고 끝나버리는 것이 아니라 우리가 하나님의 영광스러운 모습을 회복하는 데까지 나아갑니다. 그러나 영광을 개인적인 차원의 영광으로 오해해서는 안 됩니다. 우리 각자가 영화롭게 되면 끝나는 것이 아닙니다. 인간의 죄악으로 잃어버린 영광스러운 모습이 회복되기를 온 만물이 기대하고 있습니다(롬 8:21).

우리를 영광스럽게 하신 목적은 이 세상에 하나님의 영광이 가득하게 하기 위해서입니다.

그러므로 로마서의 영광은 개인의 죄의 문제를 해결하는 차원에서 자연스럽게 공동체적으로 확대됩니다. 바울은 하나가 되는 것은 하나님께 영광을 돌리는 것이라고 이야기합니다. 이 부분에 대해 신약 학자 더글라스 무(Douglass Moo)는 다음과 같이 설명합니다.

> 로마의 기독교인들 사이의 하나됨은 중요하며, 바울은 많은 단어를 써서 그것을 북돋우려 하고 있다. 그러나 이 연합은 보다 중요한 궁극적인 목적을 가지고 있다. "우리 주 예수 그리스도의 하나님이요 아버지"의 영광이 그것이다. 로마의 신앙 공동체가 연합될 때만, 로마의 기독교인들이 "한 마음으로" 행하고 "한 입으로" 말할 수 있을 때만, 그들이 하나님께 하나님이 영광 받기에 합당한 방법으로 영광을 돌릴 수 있을 것이다(더글라스 무, 『로마서』, 솔로몬 출판사, 1165-1166쪽).

하나님께서는 이방인 그리스도인들과 유대인 그리스도인들이 더 이상 비난과 서로를 정죄하는 모습에서 벗어나 갈등을 겪지 않고 서로 받아들이기를 원하십니다. 여기에서 하나님의 영광이 드러납니다. "한 마음과 한 입으로 하나님 곧 우리 주 예수 그리스도의 아버지께 영광을 돌리게 해주시기를 빕니다. 그러므로 그리스도께서 하나님의 영광을 드러내시려고 여러분을 받아들이신 것과 같이, 여러분도 서로 받아들이십시오(롬 15:6-7, 새번역)."

바울은 분명히 이신칭의를 로마서의 기초 내용으로 제시합니다. 그러나 이를 넘어서 그리스도인 개개인이 누릴 하나님의 영광을 말합니다. 그리고 개인을 넘어 공동체의 하나됨을 통해 하나님께 영광을 돌리자고 합니다. 놀랍게도 바울은 더 나아가 온 우주의 회복과 그리스도인의 영광의 자유를 연결합니다. 안타깝게도 우리는 이신칭의를 편협하게 받아들여 은혜를 값싸게 만들거나 죄악된 행위에 면죄부를 주는 것으로 오해하곤 합니다.

그러나 바울은 이신칭의를 하나님의 영광의 기초로 설명하고 있습니다. 모든 인간은 죄를 범해서 하나님의 영광에 이를 수 없었지만, 이제는 복음이 그 영광의 길을 열고 있습니다. 이런 관점으로 로마서를 읽으면 하나님의 뜻을 더 풍성하게 이해하고, 우리에게 주어진 하나님의 영광이 얼마나 크고 놀라운지 알 수 있을 것입니다. 하나님께서는 그 영광을 함께 누리도록 우리를 부르십니다.

교회라는 이름으로 모이기가 어렵고 성경 말씀에 대한 관심이 사그라드는 시절을 만났지만 이 책을 통해 용감하게 로마서라는 숲으로 들어서기를 바랍니다. 이 책이 그 숲을 거니는 데 유용한 지팡이가 되면 좋겠습니다. 독자 모두가 영광의 빛 가운데 그리스도와 함께 걷는 기쁨을 맛보기를 바랍니다.

왕이신 하나님의 아들
예수 곧 그리스도 로마서 1:1-17

당첨이다!
200대 1의 주택 청약 경쟁률을 뚫었다.
드디어 나도 아파트를 가질 수 있다. 입주금을 어떻게
마련할지, 아직 막막하지만 어떻게든 되겠지.
심장을 쿵쾅거리게 했던 대학 합격 소식도, 온몸에
전기가 통하는 것 같았던 그녀의 "우리 오늘부터 1일"
문자도, 이 순간만큼 나를 흥분시키지는 못했다.
너무 기뻐서 눈물이 난다. 온 세상에 외치고 싶다.
나는 정말 행복하다고. 이게 바로 복음이라고.

1. 기쁜 소식, 복음

바울은 로마에 있는 성도들에게 복음을 전하려고 합니다(롬 1:15). 복음은 기쁜 소식입니다. 바울은 이 기쁜 소식을 전하려는 마음이 가득했습니다. 복음은 새로운 왕이 오셨다는 것을 의미합니다. 새로운 왕이 오셨다는 소식이 왜 기쁜 소식일까요? 당시 로마의 지배를 받던 유대인들은 새로운 왕을 기다렸습니다. 그들은 하나님께서 보내신 새로운 왕이 자기들에게 생명과 자유, 정의와 평화를 가져다줄 것이라고 믿고 기다렸습니다. 이제 그 기다리고 기다리던 왕이 오셨습니다. 바울은 이 기쁜 소식을 사람들에게 전하고 싶었습니다.

오래전부터 사람들은 왕이신 하나님의 다스림을 거부하고 그분을 떠났습니다. 이것이 죄입니다. 왕이신 하나님의 다스림에서 떠난 모든 인간은 죽음을 현실로 맞이하게 되었습니다. 새로운 왕이 오셔서 우리의 죄를 없애고 생명을 주셔야 이 죽음에서 벗어날 수 있습니다. 바울은 이렇게 천명합니다. "하나님의 의가 복음 속에 나타납니다. 이일은 오로지 믿음에 근거하여 일어납니다. 이것은 성경에 기록한 바 '의인은 믿음으로 살 것이다' 한 것과 같습니다(롬 1:17, 새번역)." 우리는 죄인이었지만 새로운 왕을 통해서 의롭다는 선언을 받았습니다. 죄인이라 죽을 수밖에 없었지만 이제 의인으로 여겨져서 새로운 생명을 누리게 되었습니다. 이렇게 의와 생명을 주시는 왕이 바로 예수 그리스도이십니다. 복음은 그분에 관한 선포입니다.

2. 그의 아들에 관한 복음

복음은 하나님의 아들에 관한 소식입니다(롬 1:2). 왕이시며 하나님의 아들이신 예수 그리스도에 관한 소식입니다. 왕은 자신의 백성을 적들로부터 구해내고 정의롭게 다스려 평화롭게 살게 합니다. 이스라엘의 위대한 왕, 다윗과 같은 왕이 우리에게 오셨습니다(롬 1:3). 이 왕이 오기 400년 전, 선지자 이사야는 새로운 왕과 생명에 대해 다음과 같이 예언했습니다.

> 나의 종을 보아라. 그는 내가 붙들어 주는 사람이다. 내가 택한 사람, 내가 마음으로 기뻐하는 사람이다. 내가 그에게 나의 영을 주었으니, 그가 뭇 민족에게 공의를 베풀 것이다. 그는 소리 치거나 목소리를 높이지 않으며, 거리에서는 그 소리가 들리지 않게 할 것이다. 그는 상한 갈대를 꺾지 않으며, 꺼져 가는 등불을 끄지 않으며, 진리로 공의를 베풀 것이다. 그는 쇠하지 않으며, 낙담하지 않으며, 끝내 세상에 공의를 세울 것이니, 먼 나라에서도 그의 가르침을 받기를 간절히 기다릴 것이다. 하나님께서 하늘을 창조하여 펴시고, 땅을 만드시고, 거기에 사는 온갖 것을 만드셨다. 땅 위에 사는 백성에게 생명을 주시고, 땅 위에 걸어다니는 사람들에게 목숨을 주셨다. 주 하나님께서 이렇게 말씀하신다. "나 주가 의를 이루려고 너를 불렀다. 내가 너의 손을 붙들어 주고, 너를 지켜 주어서, 너를 백성의 언약과 이방의 빛이 되게 할 것이니, 네가 눈먼 사람의 눈을 뜨게 하고, 감옥에 갇힌 사람을 이끌어 내고, 어두운 영창에 갇힌 이를 풀어 줄 것이다(사 42:1-7, 새번역).

바울은 하나님의 아들 예수 그리스도가 다윗의 자손으로 오시는 왕이라고 말합니다(롬 1:3). 이사야 42장에서 말한 것처럼 하나님의 영이 그분께 오셨다고도 말합니다(롬 1:4). 그분은 하나님의 능력으로 사망에서 생명으로 옮겨졌습니다. 십자가에서 죽고 부활하신 왕은 우리에게 생명을 주십니다. 이것이 복음 안에서 이루어집니다. 이런 이유로 바울은 복음을 자랑스러워합니다. 부끄러워하지 않습니다. "나는 복음을 부끄러워하지 않습니다. 이 복음은 유대 사람을 비롯하여 그리스 사람에게 이르기까지, 모든 믿는 사람을 구원하는 하나님의 능력입니다(롬 1:16, 새번역)."

이 기쁜 소식, 복음의 약속이 아들을 통해 우리에게 주어졌습니다. 약속을 하신 분은 왕이신 하나님이십니다. 하나님께서는 약속을 꼭 지키시는 분이셔서 아들 예수 그리스도를 새로운 왕으로 보내셨습니다. 약속대로 아들을 통해 우리의 죄를 용서하시고 의와 생명을 주셨습니다.

3. 복음의 사도로 부르심을 받아

바울은 자신을 예수 그리스도의 종(롬 1:1)이라고 말합니다. 구약 성경에서 '여호와의 종'이라고 불리던 사람들이 있었습니다. 모세, 여호수아, 아브라함, 다윗, 그리고 여러 선지자가 이렇게 불렸습니다. 바울은 자신을 그들과 같은 수준으로 높이고 있습니다. 복음을 전하는 자신의 사명이 구약 시대의 위대한 인물들이 행했던 것과 다르지 않다고 생각했기 때문입니다. 여기서 주목할 것은 바울의 고귀함이 아닙니다. 바울을 고귀하게 만든 복음이 얼마나 귀한가 하는 것입니다.

바울은 이 귀한 복음의 일을 위해서 자신이 왕께 택함을 받았다고 고백합니다. "나는 하나님의 복음을 전하기 위하여 따로 세우심을 받았습니다(롬 1:1, 새번역)." 이 고백이 다른 편지인 갈라디아서에서는 "나를 모태로부터 따로 세우시고(갈 1:15, 새번역)"로 나타납니다. 바울은 하나님께서 그를 택하신 것은 자신이 태어나기도 전의 일이라고 말합니다. 그는 자신이 왕께 택함을 받은 것을 왕의 나라 곧 하나님 나라의 일과 연결해 고백합니다. 이것이 그가 복음의 일을 부끄러워하지 않는 또 다른 이유입니다. 그는 왕에게 선택을 받았기 때문에 복음의 일을 합니다. 의와 생명을 주며 평화를 선포하는 그 왕과 함께 일하는 것은 얼마나 고귀하겠습니까?

놀랍게도 이런 선택은 바울에게만 주어지지 않았습니다. 에베소서에서 바울은 이렇게 말합니다. "하나님은 세상 창조 전에 그리스도 안에서 우리를 택하시고 사랑해 주셔서, 하나님 앞에서 거룩하고 흠이 없는 사람이 되게 하셨습니다(엡 1:4, 새번역)." 하나님께서는 우리를 그분의 자녀로 택하시고 부르십니다. 바울을 사도로 부르신 하나님께서 동일하게 우리도 부르셨습니다. 이렇게 고귀한 자리로 택하시고 불러주신 하나님께 우리는 기쁘게 응답해야 합니다.

4. 복음의 사귐

바울은 로마 교회 성도들과 직접 만나서 사귄 적이 없습니다. 그렇지만 그들을 간절하게 만나고 싶어 합니다. 그 이유는 로마 교회 교인들에게 복음을 전하고 싶어서입니다. "그러므로 나의 간절한 소원은, 로마에 있는 여러분에게도 복음을 전하는 일입니다(롬 1:15, 새번역)." 좀 이상합니다. 복음을 받아 이미 하나님의 백성이 된 로마 교회 성도들에게 바울은 왜 복음을 전하려 할까요? 그 이유는 복음이 그들을 더욱더 강건하게 세우기 때문입니다. "내가 여러분을 간절히 보고 싶어하는 것은, ... 여러분을 굳세게 하려고 하는 것입니다(롬 1:11, 새번역)."

로마 교회 교인들을 강건하게 세우기 위한 이유 말고도 바울이 복음을 전하고자 하는 이유가 또 있습니다. 바로 복음으로 서로 위로를 받기 때문입니다(롬 1:12). 복음으로 로마 교회 성도들은 위로를 받습니다. 로마 교회 성도들만 위로를 받는 것이 아닙니다. 그들의 믿음이 세상에 전파되고(롬 1:8) 그들에게서 믿음의 열매인 순종을 볼 수 있기 때문에(롬 1:5) 바울이 위로를 받습니다. 복음은 죽은 소식이 아닙니다. 추상적인 이론이나 논리가 아닙니다. 복음은 기쁜 소식입니다. 생명의 소식입니다. 그 소식으로 생명이 살아 움직이고 따뜻한 위로가 넘칩니다. 이런 소식을 나누는 것이 복음의 사귐입니다. 바울은 이를 위해 항상 기도한다고 고백합니다. "나는 기도할 때마다, 언제나 여러분을 생각하며, ... 간구하고 있습니다(롬 1:9-10, 새번역)."

1. 복음은 기쁜 소식입니다. 이 소식은 누구에 관한 소식인가요(롬 1:1-4)?
   나는 왕이신 그리스도 안에서 생명과 자유, 의롭게 됨을 누리고 있나
   요?

2. 바울이 복음을 부끄러워하지 않는 까닭은 무엇일까요(롬 1:16-17)?
   나는 복음을 부끄러워하고 있지는 않나요? 만일 복음을 부끄러워한
   다면, 그 이유는 무엇일까요?

3. 바울은 무엇으로 자신이 선택받았다고 말하고 있나요(롬 1:1)?
   내가 하나님 나라를 위해 선택되었다는 사실을 알고 있나요? 이 하나
   님의 선택을 어떻게 받아들이고 있나요?

4. 바울은 왜 로마 교회 성도들을 만나고 싶어 할까요(롬 1:11)?
   내가 복음으로 위로해 줄 수 있는 사람은 누구일까요? 그를 어떻게 위
   로할 수 있을까요?

1.
예수 그리스도는 하나님의 아들이십니다. 그분은 다윗 왕과 같은 새로운 왕이십니다. 왕으로 오셔서 우리에게 생명과 자유, 의로움을 주십니다.

2.
복음은 믿는 자에게 능력이 되기 때문입니다. 이 능력이 예수님을 살렸습니다. 그리고 예수님을 살릴 뿐만 아니라 그를 믿는 자들에게 생명을 줍니다. 복음은 허공에 울리는 소리가 아니라 능력이 있는 기쁜 소식입니다. 그래서 바울은 복음을 부끄러워하지 않았습니다.

3.
바울은 예수 그리스도의 종으로 선택을 받았다고 말합니다. 이것은 자신이 구약 시대의 위대한 사람들처럼 하나님 나라를 위해 선택되었다는 뜻입니다. 놀랍게도, 바울뿐만 아니라 우리도 그 부르심을 받았습니다.

4.
바울과 로마 교회 성도들이 만나면 서로 위로할 수 있기 때문입니다. 성도들은 바울에게 복음을 들어 강건하게 되어 위로를 얻고, 바울은 성도들의 열매를 보고 위로를 얻습니다. 이것이 복음의 사귐입니다.

하나님의 영광을 떠난 우리들 로마서 1:18-3:20

완벽한 인생. 바로 내 인생이다.
나는 남들이 부러워하는 것을 모두 갖췄다.
건강한 몸, 모두에게 존경받는 부모, 최고의 학벌,
워라밸이 보장되는 직장, 아름답고 우아한 배우자,
착하고 순종적인 자녀, 안락한 집과 최신형 자동차,
교양과 매너에 문화적 소양까지 갖췄으니 이만하면
성공한 인생이다. 내 삶은 찬란하게 빛난다.
단 한 가지만 빼고. 며칠 전부터 내 집 주차장 입구에
박스를 깔고 누워있는 저 남자를 좀 치우면 좋을 텐데.
오늘은 경비에게 말을 해야겠다.

1. 영광을 떠남

바울은 하나님의 아들에 관한 복음이 꼭 필요하다고 말합니다. 그 이유는 무엇입니까? 사람들이 하나님을 하나님으로 여기지 않고 그분과 동떨어진 존재가 되었기 때문입니다. 모든 사람이 죄 때문에 하나님과 다시는 만날 수 없게 된 상황에서 복음은 그분의 영광 앞으로 나아가는 길을 제시합니다. 앞에서도 말했듯이 하나님의 영광은 그분의 백성들이 하나님 앞에서 경험하는 찬란한 광채이며 그분의 임재를 통해 누리는 존재감입니다. 죄는 우리가 그 놀라운 하나님의 영광 앞으로 나아가는 것을 막습니다. 바울은 이렇게 말합니다. "모든 사람이 죄를 범하였습니다. 인간은 하나님의 영광에 못 미치는 처지에 놓여 있습니다(롬 3:23, 새번역)."

우리는 하나님 앞으로 나아가기를 좋아하지 않습니다. 그분과 관계를 맺고 싶어 하지 않습니다. 그것이 죄의 결과입니다. 우리의 일상을 보십시오. 하나님을 찾기보다는 위안거리를 찾습니다. "그들은 썩지 않는 하나님의 영광을, 썩어 없어질 사람이나 새나 네 발 짐승이나 기어 다니는 동물의 형상으로 바꾸어 놓았습니다(롬 1:23, 새번역)." 이것은 눈에 보이는 형상을 만드는 행위만을 말하는 것이 아닙니다. 돈과 물질과 쾌락을 중심으로 살아가는 모든 사람의 이야기입니다. 사람은 마음에 하나님 두기를 싫어합니다. "또한 그들이 마음에 하나님 두기를 싫어하매(롬 1:28)." 우리는 하나님이 아니라 돈이나 더 좋은 집, 멋진 자동차나 혹은 우리의 눈과 귀를 즐겁게 하는 것을 추구합니다. 그분의 영광은 우리와 상관이 없고, 우리는 그 영광을 우리가 좋아하는 것들로 바꾸어 버렸습니다. 우리가 섬기는 것이 과연 하나님인지 생각해보십시오. 우리는 하나님을 찾지 않습니다(롬 3:11).

2. 영광을 떠난 결과

사람들은 하나님을 찾지 않습니다. 하나님을 찾지 않는 인간은 선할 수 없습니다. 바울은 구약 성경 여러 곳을 인용해 말합니다. "의인은 없다. 한 사람도 없다. 깨닫는 사람도 없고, 하나님을 찾는 사람도 없다. 모두가 곁길로 빠져서, 쓸모가 없게 되었다. 선한 일을 하는 사람은 없다. 한 사람도 없다. 그들의 목구멍은 열린 무덤이다. 혀는 사람을 속인다 … 그들이 가는 길에는 파멸과 비참함이 있다. 그들은 평화의 길을 알지 못한다. 그들의 눈에는 하나님을 두려워하는 빛이 없다(롬 3:10-18, 새번역)."

하나님을 떠난 인간은 하나님의 법을 지키지 않습니다(롬 2:23). 하나님을 법을 가졌다고 자랑하는 유대인들조차도 하나님의 법을 어겨서 그 법을 만드신 하나님을 부끄럽게 만듭니다. 인간은 하나님을 두려워하지 않기 때문에(롬 3:18), 정욕에 불타서 살아갑니다(롬 1:26-31). 다시 바울의 고발을 들어보십시오.

> 사람들이 하나님을 인정하기를 싫어하므로, 하나님께서는 사람들을 타락한 마음 자리에 내버려두셔서, 해서는 안될 일을 하도록 놓아 두셨습니다. 사람들은 온갖 불의와 악행과 탐욕과 악의로 가득 차 있으며, 시기와 살의와 분쟁과 사기와 적의로 가득 차 있으며, 수군거리는 자요, 중상하는 자요, 하나님을 미워하는 자요, 불손한 자요, 오만한 자요, 자랑하는 자요, 악을 꾸미는 모략꾼이요, 부모를 거역하는 자요, 우매한 자요, 신의가 없는 자요, 무정한 자요, 무자비한 자입니다(롬 1:28-31, 새번역).

3. 하나님의 분노와 심판

하나님을 하나님으로 여기지 않고(불경건함), 하나님의 법을 어기는 자들(불의함)에 대해서 하나님께서는 분노하시고 심판하십니다(롬 1:18). 하나님의 심판은 공정해야 합니다. 하나님께서 재산이 많거나 학벌이 좋은 사람, 또는 무엇인가를 남들보다 더 가진 사람들의 편에만 서신다면 우리가 어떻게 그분의 심판을 신뢰할 수 있겠습니까? 바울은 하나님께서는 사람을 외모로 보지 않는다고 말합니다. "하나님께서는 사람을 차별함이 없이 대하시기 때문입니다(롬 2:11, 새번역)." 하나님께서는 유대인이라고 해서 더 특별하게 대우하지 않으시고, 이방인이라고 해서 벌을 더 주지도 않으십니다. 하나님께서는 각 사람이 행한 대로 심판하십니다.

이 일을 수행하시는 분이 예수 그리스도입니다(롬 2:16). "내가 전하는 복음대로, 하나님께서 그리스도를 내세우셔서 사람들이 감추고 있는 비밀들을 심판하실 그 날에 드러날 것입니다(롬 2:16, 새번역)." 복음은 그 복음을 받아들이는 자들에게는 기쁜 소식이지만 또한 악을 행한 자들에게는 심판의 소식입니다. 바울은 이것이 내가 전하는 복음이라고 선언합니다. 하나님께서는 사람들의 마음속 은밀한 것까지 심판하실 것입니다. 남들이 보지 못한다고 해서 그분의 심판을 벗어날 수 없습니다.

4. 그러나 우리를 버릴 수 없는 하나님의 사랑

그 진노와 심판에서 우리들을 내버려 두지 않는 것이 하나님의 사랑입니다. 1장에서 보았던 로마서의 가장 중요한 선언을 다시 생각해봅시다. "하나님의 의가 복음 속에 나타납니다. 이 일은 오로지 믿음에 근거하여 일어납니다. 이것은 성경에 기록한 바 '의인은 믿음으로 살 것이다' 한 것과 같습니다(롬 1:17, 새번역)."

바울은 하나님의 의가 복음에 나타난다고 말합니다. 믿는 자는 살 것이라고 합니다. 이렇게 말하는 데는 이유가 있습니다. 이어지는 구절인 1장 18절을 봅시다. 하나님의 진노가, 불의한 행동으로 진리를 가로막는 사람의 온갖 불경건함과 불의함을 겨냥하여, 하늘로부터 나타납니다. 한글 성경에는 17절과 18절을 연결하는 "왜냐하면"이 빠져 있습니다. 하나님께서는 믿음으로 의롭다고 하심과 믿음으로 살 것을 말씀하셨는데, 이는 자신을 떠난 인간과 인간이 저지른 죄악을 심판하셔야 하기 때문입니다.

이제 바울은 하나님의 사랑과 신실함에 대해서 말합니다. "그런데 그들 가운데서 얼마가 신실하지 못했다고 해서 무슨 일이라도 일어납니까? 그들이 신실하지 못했다고 해서, 하나님의 신실하심이 없어지겠습니까? 그럴 수 없습니다. 사람은 다 거짓말쟁이이지만, 하나님은 참되십니다(롬 3:3-4, 새번역)." 우리는 모두 하나님의 영광을 떠났던 존재였습니다. 하나님을 마음에 두기 싫어하고 하나님을 찾지 않았습니다. 그리고 죄악을 주렁주렁 달고 살았습니다. 하나님께서는 마땅히 우리의 배신을 심판하셔야 하지만, 우리를 사랑하셔서 오히려 예수 그리스도를 통한 복음의 길을 제시하셨습니다.

1. 바울은 모든 사람이 죄를 지었다고 선언합니다. 그 결과, 모든 사람은 무엇에 이를 수 없나요(롬 3:23)?
   모든 사람이 죄인이라는 선언에 동의하나요? 동의하지 못한다면 그 근거는 무엇일까요?

2. 하나님을 떠난 인간은 무엇을 범하고 있을까요(롬 2:23)?
   바울의 이 선언에 나를 비추면 어떤 모습이 보이나요?

3. 인간의 불경건함과 불의, 곧 죄에 대해 하나님의 심판이 닥칩니다. 하나님의 심판은 어떤 특성이 있나요?
   하나님께서 예수 그리스도를 통해서 심판하신다는 사실이 나에게 주는 의미는 무엇인가요?

4. 바울은 하나님이 어떤 분이라고 말하고 있나요(롬 3:3-4)?
   인간의 죄악이 하나님의 신실하심을 무너뜨릴 수 있을까요?

1.

인간은 하나님과 동떨어진 존재입니다. 하나님과 관계가 단절된 존재입니다. 그들은 썩지 않는 하나님의 영광을 썩어질 사람, 새, 짐승, 기어 다니는 동물 모양의 우상으로 바꾸었습니다(롬 1:23). 그들은 하나님을 마음에 두기 싫어합니다(롬 1:28).

2.

이방인들뿐만 아니라 하나님의 법을 가졌다고 말하는 유대인들도 하나님의 뜻과 완전히 다르게 정욕에 불타서 살아갑니다(롬 1:26-31).

3.

하나님의 심판은 공정합니다. 차별이 없으시고 외모를 보지 않으시는 분이시기 때문입니다(롬 2:11). 그러므로 유대인이라고 해서 심판을 거두시지 않습니다. 하나님께서는 모든 사람을 그들의 죄에 따라 심판하십니다. 하나님께서는 예수 그리스도를 통해서 우리를 심판하실 것입니다. 사람들의 은밀한 것까지 심판하십니다(롬 2:16).

4.

하나님께서는 인간의 죄악에도 불구하고 그들을 버리지 않으십니다. 인간의 죄악 가운데서도 하나님께서는 신실하시기 때문입니다(롬 3:3-4). 죄악이 하나님의 공의로운 심판을 가져오기 때문에, 공의로움을 드러내는 죄악은 문제가 없다고 생각할지도 모릅니다. 그러나 하나님께서는 모든 죄에 대해 공의롭게 심판하십니다.

하나님의
영광으로의 길 로마서 3:21-4:25

저는 모태신앙으로, 입교를 한 중3 때부터 매 주일 예배
를 빠진 적이 없어요. 아침에 눈을 뜨면 큐티와 기도로
하루를 시작하죠. 부모님과 함께 다니는 교회에서
청년부 회장과 주일학교 교사로 섬기고 있어요.
친구들은 저 같은 애가 천국에 못 가면 누가 가겠냐고
하는데, 사실 제가 생각해도 그래요. 솔직히 요즘
저 같은 사람 찾기가 쉽지 않잖아요?
교회의 금수저랄까요.

1. 영광의 길을 여심 (3:23-25)

죄는 하나님의 영광에 이르지 못하게 합니다. 죄는 우리가 하나님과 가까이할 수 없게 만듭니다. 그럼에도 불구하고 하나님께서는 멀어진 인간에게 다가오십니다. 죄의 다스림을 받고 있는 인간들에게 찾아오십니다.

> 모든 사람이 죄를 범하였으매 하나님의 영광에 이르지 못하더니 그리스도 예수 안에 있는 속량으로 말미암아 하나님의 은혜로 값 없이 의롭다 하심을 얻은 자 되었느니라 이 예수를 하나님이 그의 피로써 믿음으로 말미암는 화목제물로 세우셨으니 이는 하나님께서 길이 참으시는 중에 전에 지은 죄를 간과하심으로 자기의 의로우심을 나타내려 하심이니(롬 3:23-25)

바울은 마치 출애굽의 그림을 그리고 있는 것 같습니다. 하나님께서는 애굽의 노예였던 이스라엘 백성과 함께하시기 위해서 그들을 불러내십니다. 이스라엘 백성은 출애굽을 통해 하나님의 영광스러운 임재 가운데 나아갈 수 있었습니다. "속량"이라는 단어는 노예를 사기 위해서 대가를 치르는 것을 말합니다. 이 장면에서 바울은 이스라엘을 자신의 백성으로 삼기 위해서 하나님께서 하신 일을 설명하고 있습니다. 이와 마찬가지로 하나님께서는 우리를 출애굽 시키기 위해 속량의 대가로 예수 그리스도를 내세우십니다.

"화목제물"은 대속죄일에 대제사장이 하나님의 영광스러운 임재가 있는 지성소에 들어가 언약궤에 피를 뿌리는 모습을 연상하게 만듭니다(레 16:30, 33-34; 23:26-32). 이스라엘 백성들은 이 대속죄일의 피뿌림을 통해서 하나님의 영광 앞에 나아갈 수 있었습니다. 바울은 하나님의 진노를 해결하는 방식으로 "화목제물"을 제시합니다. "하나님의 진노가 불의로 진리를 막는 사람들의 모든 경건하지 않음과 불의에 대하여 하늘로부터 나타나나니(롬 1:18)". 하나님께서는 죄에 대한 진노를 예수 그리스도께 쏟으셨습니다. 예수님께서는 화목제물이 되어 십자가에서 우리의 모든 죄를 짊어지고 그 진노를 담당하셨습니다. 그 결과, 우리는 의롭다는 여김을 받고 하나님의 영광으로 나아갈 수 있습니다.

2. 율법이 아닌 믿음 (3:21-31)

이제는 율법과는 상관없이 하나님의 의가 나타났습니다. 그것은 율법과 예언자들이 증언한 것입니다. 하나님의 의는 예수 그리스도를 믿는 믿음을 통하여 오는 것인데, 모든 사람에게 미칩니다. 거기에는 아무 차별이 없습니다(롬 3:21-22). 그렇다면 사람이 자랑할 것이 어디에 있습니까? 전혀 없습니다. 무슨 법으로 의롭게 됩니까? 행위의 법으로 됩니까? 아닙니다. 믿음의 법으로 됩니다. 사람이 율법의 행위와는 상관없이 믿음으로 의롭다고 인정을 받는다고 우리는 생각합니다(롬 3:27-28).

우리가 하나님의 영광 앞으로 나아가는 것, 의롭다고 여겨지는 것은 다른 것이 아니라 믿음으로 가능합니다. 바울은 "이제는"이라는 단어를 쓰면서 율법 말고 다른 하나님의 의가 나타났다고 말합니다(롬 3:21). 이제는 하나님의 의가 예수 그리스도로 말미암아 우리에게 오는 것입니다. "하나님의 의"는 차별이 없습니다. 이전에 하나님의 백성은 혈통적으로 이스라엘 사람들, 유대인들만으로 한정되어 있었습니다. 그런데 이제는 유대인들뿐만이 아니라 모든 사람이 믿음으로 의롭다는 인정을 받을 수 있습니다. 그 예가 아브라함의 믿음입니다.

> 그런즉 육신상으로 우리의 조상인 아브라함이 무엇을 얻었다고 말할 수 있겠습니까? 아브라함이 행위로 의롭게 되었더라면, 그에게는 자랑할 것이 있었을 것입니다. 그러나 하나님 앞에서는 자랑할 것이 없습니다. 성경이 무엇이라고 말합니까? "아브라함이 하나님을 믿으니, 하나님께서 그를 의롭다고 여기셨다" 하였습니다. 일을 하는 사람에게는 품삯을 은혜로 주는 것으로 치지 않고 당연한 보수로 주는 것으로 생각합니다. 그러나 경건하지 못한 사람을 의롭다고 하시는 분을 믿는 사람은, 비록 아무 공로가 없어도, 그의 믿음이 의롭다고 인정을 받습니다(롬 4:1-5, 새번역).

아브라함은 행위가 아니라 믿음으로 의롭게 여겨지게 되었습니다. 아브라함은 의롭게 여길 만한 일을 하지 않았고 그저 하나님의 말씀을 믿었습니다. 그 믿음으로 의롭다는 여김을 받은 것입니다. 아브라함은 우르에서 하나님의 부르심을 받아 가나안으로 갔습니다. 하나님의 부름을 따라서 길을 떠났지만 그에게는 의롭게 여길만한 것이 없었습니다. 오히려 그는 하나님의 약속한 땅을 버리고 애굽으로 갔으며(창 12:10), 거기서 아내를 누이라고 속였습니다(창 12:11). 이러한 아브라함에게 자신의 의가 아닌 하나님의 의가 다다를 수 있었던 것은 그가 하나님의 약속을 믿었기 때문입니다. 아브라함은 처음에 자신의 몸에서 나올 상속자를 기대하지 않고 다메섹 사람 엘리에셀을 상속자로 삼으려고 한다고 말합니다(창 15:2). '믿음의 조상'인 아브라함인데도 그랬습니다.

"하나님께서 잘못을 용서해 주시고 죄를 덮어 주신 사람은 복이 있다. 주님께서 죄 없다고 인정해 주실 사람은 복이 있다(롬 4:7-8, 새번역)." 다윗도 바울과 같이 말합니다. 다윗은 심각한 범죄를 저질렀습니다. 밧세바와 동침하고 그녀의 남편이자 자신의 충신인 우리야를 죽였습니다. 그런 다윗이 하나님께서 자신의 죄를 용서하셨다고 말합니다. 믿음으로 의롭게 여김을 받는 것은 이와 같은 원리입니다. 우리가 의롭게 여김을 받을 만한 무엇인가를 행해서가 아닙니다. 불법과 죄를 저지른 자들이 하나님 앞에 용서함을 받는 것과 같습니다.

> 아브라함이나 그 자손에게 주신 하나님의 약속, 곧 그들이 세상을 물려받을 상속자가 되리라는 것은, 율법으로 말미암은 것이 아니라, 믿음의 의로 말미암은 것입니다. 율법을 의지하는 사람들이 상속자가 된다면, 믿음은 무의미한 것이 되고, 약속은 헛된 것이 됩니다(롬 4:13-14, 새번역).

그러므로 율법의 행위로 하나님 나라의 상속자가 된다면 우리의 믿음은 아무 소용이 없습니다. 하나님의 자녀가 되는 것은 오직 믿음의 의 외에는 없습니다.

3. 죽음과 부활 (4:1-23)

아브라함은 무엇을 믿었을까요? 아브라함의 믿음은 예수님께서 죽은 사람들 가운데서 부활하신 것을 믿는 믿음과 같습니다. 죽음에 머물

러 있지 않고 생명까지 신뢰하는 믿음입니다. 바울은 이것을 다음과
같이 설명합니다.

이것은 성경에 기록된 대로 "내가 너를 많은 민족의 조상으로 세웠다"
함과 같습니다. 이 약속은, 그가 믿은 하나님, 다시 말하면, 죽은 사람
들을 살리시며 없는 것들을 불러내어 있는 것이 되게 하시는 하나님께
서 보장하신 것입니다. 아브라함은 희망이 사라진 때에도 바라면서 믿
었으므로 "너의 자손이 이와 같이 많아질 것이다" 하신 말씀대로, 많은
민족의 조상이 되었습니다. 그는 나이가 백 세가 되어서, 자기 몸이 이
미 죽은 것이나 다름없고, 또한 사라의 태도 죽은 것이나 다름없는 줄
알면서도, 그는 믿음이 약해지지 않았습니다. 그는 하나님의 약속을 믿
고 의심하지 않았습니다. 오히려 그는 믿음이 굳세어져서 하나님께 영
광을 돌렸습니다(롬 4:17-20, 새번역).

아브라함은 자신과 아내 사라 모두 아이를 낳을 수 없을 정도로 늙었
다는 것을 알았지만, 하나님의 능력을 믿었습니다. 하나님께서 죽음
가운데에서도 생명을 주실 것을 믿었습니다. "그는, 하나님께서 스스
로 약속하신 바를 능히 이루실 것이라고 확신하였습니다. 그래서 하
나님께서는 이것을 보시고 '그를 의롭다고 여겨 주셨습니다.'(롬 4:21-
22, 새번역)" 자신은 죽은 몸과 같을지라도 하나님께서는 약속하신
것을 능히 이루실 줄 믿었습니다. "아브라함은 브엘세바에 에셀나무
를 심고, 거기에서, 영생하시는 주 하나님의 이름을 부르며 예배를 드
렸습니다(창 21:33, 새번역)." 아브라함이 믿고 예배한 분은 영생하시
는 여호와 하나님입니다. 그는 하나님께서 죽음에서 생명을 일으키실
것을 믿었습니다(창 22장).

4. 예수님의 부활과 우리의 칭의 그리고 은혜 (4:24-25)

아브라함이 하나님과 하나님의 약속을 믿었다면 우리는 무엇을 믿을
까요? 그것은 하나님께서 예수님을 죽음 가운데서 살리셨다는 사실
입니다. 바울의 설명을 들어봅시다.

> "그가 의롭다는 인정을 받았다"하는 말은, 아브라함만을 위하여 기록
> 된 것이 아니라 하나님께서 의롭다고 여겨 주실 우리, 곧 우리 주 예수
> 를 죽은 사람들 가운데서 살리신 분을 믿는 우리까지도 위한 것입니다.
> 예수는 우리의 범죄 때문에 죽임을 당하셨고, 우리를 의롭게 하시려고
> 살아나셨습니다(롬 4:23-25, 새번역).

우리는 예수님의 죽음과 부활을 믿습니다. 그 죽음과 부활이 우리에
게 "하나님의 의"를 가져옵니다. 우리가 범죄했기 때문에 예수님께서
십자가에 달려서 돌아가셨습니다. 예수님께서는 우리의 모든 죄를 짊
어지고 우리 대신 저주를 받으시고 하나님의 심판을 받으셨습니다.
그러나 그것으로 끝이 아니었습니다. 예수님께서는 부활하셨습니다.
예수님께서는 우리를 의롭다고 하시기 위해 살아나셨습니다. 예수님
의 부활은 그분의 죄 없으심에 대한 선언이며, 그분 안에서 우리는 의
롭다고 여김을 얻고(롬 8:1), 죄는 심판당했습니다(롬 8:3-4).

이것은 오로지 은혜입니다. 은혜로 값없이 의롭다는 선고를 받습니
다(롬 3:24). 이 무죄 선고는 우리가 무엇인가를 드려서 되는 일이 아
닙니다. 우리는 한 것이 아무것도 없습니다. 오히려 죄 가운데 거하며
죄인으로만 살았습니다. "하나님께서 잘못을 용서해주시고 죄를 덮
어 주신 사람은 복이 있습니다(롬 4:7, 새번역)."

1. 모든 사람이 죄를 범해서 하나님의 영광에 이르지 못했습니다(3:23). 이 문제를 해결하기 위해 하나님께서는 예수님을 무엇으로 세우셨나요(3:25)?
   하나님께서 나를, 나의 구원을 위해 이렇게 일하셨음을 믿나요?

2. 사람을 외모로 보지 않으시고 부르시는 하나님 앞에서 우리는 자랑할 것이 없습니다. 의롭다고 여김을 얻는 것은 무엇으로 가능한가요(롬 3:27-28)?
   의롭다고 여김을 받은 것은 삶에 어떤 영향을 끼치나요?

3. 바울이 믿은 하나님은 어떤 분이신가요(롬 4:17)?
   이런 하나님께서 주시는 은혜와 복에 흠뻑 젖는다면 우리의 삶은 어떻게 달라질까요?

——— 질문 가이드

1.

이 그림은 출애굽에서 하나님의 영광스러운 임재가 이스라엘 백성들에게 임하는 모습을 보여줍니다. 우리는 화목제물이 되신 예수 그리스도의 십자가 보혈로 말미암아 하나님의 영광에 나아갈 수 있습니다.

2.

아브라함도 행위로 의롭다고 여김을 받았으면 자랑할 것이 있었을 것이라고 바울은 말합니다. 경건하지 않은 자들과 죄인들이 일하지 않고도 믿음으로 의롭다고 여김을 받습니다. 그것이 복이라고 다윗은 말합니다.

3.

우리가 믿는 하나님은 우리의 주인이신 예수님을 죽은 자 가운데서 살리신 분이십니다. 예수님께서는 우리를 의롭다고 하시기 위해서 살아나셨습니다. 부활은 예수님의 죄 없다는 선언이며 그분 안에서 우리는 의롭다고 여겨집니다.

하나님과
누려야 할 샬롬 로마서 5:1-21

"엄마, 진서가 나 때렸어요."

"저런, 어딜 때렸어?"

"여기, 배를 발로 찼어요."

"니가 가만히 있는데 그랬어?"

"운동장에서 막 뛰다가 갑자기 발로 찼어요."

"아이고, 많이 아팠겠네. 그래서 어떻게 되었어?"

"친구들이 뛰어가서 선생님한테 말했어요.

그래서 선생님이 진서한테 사과하라고 했어요.

친구끼리 사이좋게 지내라고 했어요."

"진서가 사과했어?"

"했어요. 근데 엄마, 걔는 나 말고도 우리 반 애들을

자꾸 때려요. 걔는 내 친구 아니에요."

"그래, 오늘은 아니지. 하지만 내일은 친구가 될지도 몰라."

1. 우리가 누려야 할 샬롬 (5:1)

믿음으로 의롭게 된 우리는 하나님과 더불어 평화를 누리는 존재이고, 누려야 할 존재입니다. 이것은 십자가에서 흘린 예수 그리스도의 피로 가능하게 되었습니다. 그분의 피로 의롭다고 여김을 받은 우리는 하나님의 심판과 진노에서 구원을 얻습니다. 우리는 하나님과 화해하고 그분의 샬롬을 누립니다. 샬롬은 구약성경에서 하나님과 화해한 자들이 누리는 평화입니다. 하나님의 구원을 경험하고 그분과 좋은 관계를 맺고 있는 상태를 말합니다. 하나님의 샬롬은 공의와 정의가 세워지는 곳에 있습니다. 이사야는 이 샬롬을 다음과 같이 선포합니다.

> 이새의 줄기에서 한 싹이 나며 그 뿌리에서 한 가지가 자라서 ... 그는 주님을 경외하는 것을 즐거움으로 삼는다. 그는 눈에 보이는 대로만 재판하지 않으며, 귀에 들리는 대로만 판결하지 않는다. 가난한 사람들을 공의로 재판하고, 세상에서 억눌린 사람들을 바르게 논죄한다 ... 그때에는, 이리가 어린 양과 함께 살며, 표범이 새끼 염소와 함께 누우며, 송아지와 새끼 사자와 살진 짐승이 함께 풀을 뜯고, 어린 아이가 그것들을 이끌고 다닌다. 암소와 곰이 서로 벗이 되며, 그것들의 새끼가 함께 눕고, 사자가 소처럼 풀을 먹는다. 젖먹는 아이가 독사의 구멍 곁에서 장난하고, 젖뗀 아이가 살무사의 굴에 손을 넣는다. "나의 거룩한 산 모든 곳에서, 서로 해치거나 파괴하는 일이 없다." 물이 바다를 채우듯, 주님을 아는 지식이 땅에 가득하기 때문이다(사 11:1-9, 새번역).

죄로 어그러져 있던 우리, 죽었던 우리는 이제 죄 없다는 선언을 받은 자로서 하나님과 샬롬을 누립니다. 만물이 올바른 정의가 세워진 곳,

곧 하나님의 다스림에 들어가서 샬롬을 누리듯 우리들도 하나님 앞에
서 공정한 심판을 받은 이후에 하나님과 샬롬을 누리게 됩니다. 바울
은 너희가 이미 하나님과 평화의 관계를 맺고 있고 또 그 관계를 지속
적으로 누려야 한다고 말합니다.

우리는 하나님과 더불어 샬롬을 누립니다. 그것은 우리가 예수 그리
스도를 믿음으로 은혜의 자리에 나아갔기 때문입니다(롬 5:2). 하나
님 앞에 도저히 나아갈 수 없는 존재였지만 예수 그리스도 때문에 나
갈 수 있게 되었습니다. 믿음으로 의롭게 된 우리는 거리낌 없이 하나
님 앞에 나갈 수 있고 하나님과 샬롬을 누립니다. 하나님과 관계가 회
복된 자들만이 샬롬을 누립니다. 우리가 맺고 있는 관계들, 부모님과
배우자와 자녀, 친구와 선후배, 직장 동료와 상사, 이웃과의 관계가 깨
진 경우, 샬롬을 경험할 수 없습니다. 하나님과도 마찬가지입니다. 하
나님과 올바른 관계를 맺은 사람만 샬롬을 경험할 수 있습니다.

2. 영광의 소망 (롬 5:2-5)

우리에게는 하나님의 영광에 이를 소망이 있습니다. 앞장에서 말했던
것처럼 우리 앞에는 영광의 길이 열려 있습니다. 우리는 이 영광을 소
유한 자이지만, 온전한 영광은 아직 이루어지지 않았습니다. 이것을 종
말론적 긴장이라고 합니다. 쉽게 다른 표현으로 "이미와 아직"의 긴장
관계에 있다고 말합니다. 우리는 '이미'와 '아직' 사이를 삽니다. 우리는
영광을 소유한 자이지만, 현재의 고난을 겪고 경험합니다. 그래서 바
울은 "우리는 환난을 자랑합니다(롬 5:3, 새번역)."라고 말합니다.

우리는 또한, 그리스도로 말미암아 지금 서 있는 이 은혜의 자리에 믿음으로 나아오게 되었으며, 하나님의 영광에 이르게 될 소망을 품고 자랑을 합니다. 그뿐만 아니라, 우리는 환난을 자랑합니다. 우리가 알기로, 환난은 인내력을 낳고, 인내력은 단련된 인격을 낳고, 단련된 인격은 희망을 낳는 줄을 알고 있기 때문입니다. 이 희망은 우리를 실망시키지 않습니다. 하나님께서 우리에게 주신 성령을 통하여 그의 사랑을 우리 마음 속에 부어 주셨기 때문입니다(롬 5:2-5, 새번역).

고난과 환난은 인내력을 낳고, 그 인내는 연단을 낳습니다(롬 5:4). 연단은 훈련으로 단련되어서 형성된 인격을 말합니다. 이전에 우리는 고난과 환난으로 자주 넘어졌습니다. 그러나 고난과 환난을 하나님의 능력으로 이겨나갈 때, 우리의 믿음은 한층 단단해지고 인격은 더욱 성숙합니다. 그 연단으로 단련된 인격이 소망을 낳습니다(롬 5:4). 이것은 장차 올 영광에 대한 소망입니다. 이 소망을 가진 자는 실망하지 않습니다(롬 5:5).

오늘 나의 모습에 실망해서는 안 됩니다. 우리가 아직 연약하고 신앙이 없는 것처럼 여겨진다고 할지라도 여기가 끝이 아닙니다. 우리에게 고난이 있습니까? 점점 더 단단해져 가는 과정입니다. 인격이 연단되면서 우리 가운데서 예수 그리스도가 빛날 것입니다. 이 변화의 과정에서 다른 사람들이 우리가 말하는 소망을 알게 될 것이고 우리도 그 소망을 더 든든하게 붙잡을 것입니다.

3. 소망의 이유 (5:6-11)

우리가 소망을 가질 수 있는 이유는 하나님의 사랑 때문입니다. 우리
가 영광의 자리에 이를 수 있는 것, 그리고 장차 우리에게 올 영광이
거짓이 아니라는 것을 하나님의 사랑으로 알 수 있습니다. 우리와 샬
롬을 이루기 위해서 자기 아들을 주신 하나님께서는 이 소망의 근거
가 됩니다. 바울은 하나님의 사랑을 다음과 같이 설명합니다.

> 우리가 아직 약할 때에, 그리스도께서는 제 때에, 경건하지 않은 사람
> 을 위하여 죽으셨습니다. 의인을 위해서라도 죽을 사람은 거의 없습니
> 다. 더욱이 선한 사람을 위해서라도 감히 죽을 사람은 드뭅니다. 그러
> 나 우리가 아직 죄인이었을 때에, 그리스도께서 우리를 위하여 죽으셨
> 습니다. 이리하여 하나님께서는 우리들에 대한 자기의 사랑을 실증하
> 셨습니다. 그러므로 지금 우리가 그리스도의 피로 의롭게 되었으니, 그
> 리스도로 말미암아 하나님의 진노에서 구원을 얻으리라는 것은 더욱
> 확실합니다. 우리가 하나님의 원수일 때에도 하나님의 아들의 죽으심
> 으로 말미암아 하나님과 화해하게 되었다면, 화해한 우리가 하나님의
> 생명으로 구원을 얻으리라는 것은 더욱더 확실한 일입니다(롬 5:6-10,
> 새번역).

우리는 하나님의 영광에 다다를 수 없었습니다. 우리는 그 영광을 세
상의 쾌락과 즐거움, 부와 명예, 물질주의로 대체해버리고 하나님이
없는 것처럼 살았지만, 예수 그리스도께서는 십자가에서 우리를 위해
죽으셨습니다. 그것으로 하나님께서 자신의 사랑을 보여주셨습니다
(롬 5:8). 정말 아끼는 딸이나 아들, 가족과 친구를 잃는 슬픔은 상상
만으로도 괴롭습니다. 사랑하는 사람이 갑자기 죽는다면 우리는 어

떻게 될까요? 그런데 하나님께서는 아무것도 아닌 우리를 위해서 그 아들을 십자가에 못박으셨습니다. 하나님의 사랑 때문에 우리가 하나님과 샬롬을 누리게 되었습니다.

4. 한 사람으로 인한 죄와 죽음 (5:12-21)

도대체 우리를 노예로 삼는 이 죄는 어디에서 온 것일까요? 죄는 최초의 인류, 아담 한 사람으로 말미암아 이 세상에 들어왔습니다. 그 죄가 죽음을 이끌고 왔습니다. 모든 사람은 이 죄와 죽음에서 자유로울 수 없습니다. 이렇게 한 사람의 범죄로 죄가 세상에 들어왔지만, 예수 그리스도 한 사람을 통해서 은혜가 많은 사람에게 더욱더 넘쳤습니다. 한 사람으로 들어 온 죄로 인해 모든 사람이 유죄 판결을 받고 그 대가를 치러야 했지만, 예수 그리스도의 은혜로 많은 사람에게 무죄가 선언되었습니다. 믿음으로 의롭게 된다는 것은 죄가 지배하는 존재였던 우리에게 유죄가 선언되어야 하는데 은혜로 무죄가 선언이 되었다는 뜻입니다. 십자가의 의로운 행위가 우리를 죄에서 자유롭게 하고 의롭게 하고 생명을 얻게 했습니다. 바울은 이렇게 선언합니다.

> 한 사람이 순종하지 않음으로 말미암아 많은 사람이 죄인으로 판정을 받았는데, 이제는 한 사람이 순종함으로 말미암아 많은 사람이 의인으로 판정을 받을 것입니다(롬 5:19, 새번역).

죄가 지배하고 있는 곳에는 죽음이 가득합니다. 그러나 은혜가 지배하는 곳에는 영원한 생명이 있습니다. 하나님의 생명이 가득한 것입니다.

그런즉 한 범죄로 많은 사람이 정죄에 이른 것 같이 한 의로운 행위로 말미암아 많은 사람이 의롭다 하심을 받아 생명에 이르렀느니라 한 사람이 순종하지 아니함으로 많은 사람이 죄인 된 것 같이 한 사람이 순종하심으로 많은 사람이 의인이 되리라 율법이 들어온 것은 범죄를 더하게 하려 함이라 그러나 죄가 더한 곳에 은혜가 더욱 넘쳤나니 이는 죄가 사망 안에서 왕 노릇 한 것 같이 은혜도 또한 의로 말미암아 왕 노릇 하여 우리 주 예수 그리스도로 말미암아 영생에 이르게 하려 함이라(롬 5:18-21)

의롭다는 선언은 단순히 법정에서의 판결로 끝나지 않습니다. 우리는 생명의 길을 걸을 수가 없었습니다. 그런데 예수님의 순종으로 의롭다고 여김을 받았고, 이제는 죄가 아니라 은혜가 우리를 다스립니다. 죄가 더는 우리를 다스릴 수 없습니다. 은혜가 우리에게 가득 넘쳐서 우리는 주인이신 예수님을 따라 생명의 길을 걷고 있습니다. 생명의 길, 바로 그 길이 우리 그리스도인의 길입니다. 어두움, 죄, 죽음은 우리를 설명하는 단어가 아닙니다. 우리 존재에는 하나님의 생명이 흘러넘칩니다. 예수님의 순종으로 이루어진 변화입니다.

1. 믿음으로 의롭다고 여김을 받은 우리는 하나님과 무엇을 누릴까요(롬 5:1)?
   하나님과의 샬롬은 오늘 나의 삶에서 어떻게 나타나나요?

2. 소망이 우리를 부끄럽게 하지 않는 것은 우리에게 무엇이 부어졌기 때문일까요?
   고난과 환난 가운데 있는 나에게 주님은 무엇이라고 말씀하실까요?

3. 우리가 연약할 때 그리스도께서는 누구를 위해서 죽으셨나요?
   '그리스도는 그를 위해 죽으셨을 리가 없어.'하는 생각이 드는 사람이 있나요? 그런 생각이 드는 이유는 무엇일까요?

4. 우리를 고통스럽게 만드는 죄는 어디에서 온 것인가요(롬 5:12)?
   죄가 은혜로 바뀌는 놀라운 변화를 경험한 적이 있나요?

1.

하나님과의 샬롬은 단순히 마음의 편안함이 아닙니다. 하나님과 누리는 평화입니다. 하나님과 평화를 누리는 사람은 가정에서 평화를 누릴 수 있고, 그 평화는 세상에 평화를 가져오는 기초가 됩니다.

2.

우리는 소망을 가지고 있습니다. 소망은 우리의 훈련된 인격에서 나옵니다. 인격은 환난에서 얻어지는 인내에서 나옵니다. 소망을 가진 자는 실망하지 않습니다(롬 5:5).

3.

그분은 우리가 죄인이었을 때 우리를 위해 죽으셨습니다. 이러한 방식으로 자신이 우리를 사랑하신다는 것을 보여주셨습니다. 예수 그리스도의 피로 의롭게 되었으니, 하나님의 진노에서 구원을 얻으리라는 것이 더욱 확실합니다(롬 5:9).

4.

죄는 우리에게 죽음을 이끌고 옵니다. 한 사람의 범죄를 통해 죄가 세상에 들어왔지만, 예수 그리스도 한 분을 통해서 은혜가 많은 사람에게 더 넘치게 되었습니다(롬 5:15). 은혜가 지배하는 곳에 영원한 생명이 있습니다.

의의 무기로 드리라 로마서 5:1-21

오늘도 또 같은 죄를 저질렀다.
무한 반복 재생 모드다. 회개하고 죄짓고 회개하고
또 죄짓고. 이게 뭐 하는 짓일까?
이러는 나도 지겹지만 하나님도 짜증 나실 것 같다.
설마 죽을 때까지 이러는 건 아니겠지.
믿음으로 거듭난 주님의 자녀인데 난 도대체 왜 이러는
걸까. 나만 이러는 걸까? 차라리 회개를 하지 말까?
주님, 전 어쩌면 좋을까요, 네?

1. 그럴 수 없느니라 (6:1)

사람들은 질문합니다. "믿음으로 의롭게 되었다면 이제 마음대로 죄를 지어도 되는 거 아냐?" 한국 교회의 많은 문제가 이신칭의에서 시작되었다고 생각하는 사람들이 있습니다. 이신칭의의 교리는 사람들이 죄를 지어도 그 죄에 대해 무감각하게 되는 결과를 낳게 한다는 것입니다. 교인들이 '나는 죄를 지어도 괜찮아. 이미 의롭게 됐으니까 뭐.'라고 생각한다는 겁니다. 그러나 바울은 이신칭의가 죄를 허용하는 면죄부가 된다고 말하지 않습니다.

당시의 사람들도 바울에게 비슷한 질문을 했던 것 같습니다. 바울이 말하는 대로라면 죄에 그대로 머물러 있어도 되지 않느냐고 묻습니다. 어떤 사람들은 바울이 죄를 짓는 것을 허용한다고 비난하기도 했습니다. 이런 질문과 지적에 대해 바울은 다음과 같이 대답합니다. "그러면 우리가 무엇이라고 말을 해야 하겠습니까? 은혜에 더하게 하려고, 여전히 죄 가운데 머물러 있어야 하겠습니까? 그럴 수 없습니다(로마서 6:1-2, 새번역)." 믿음으로 의롭게 되었다고 해서, 우리의 죄에 대해 하나님의 은혜가 넘쳤다고 해서 죄에 더 머무를 수 없다고 바울은 말합니다.

2. 새 생명 안에서 사는 우리가 죄에 머무를 수 없는 이유 (6:2-11)

바울의 선언을 들어봅시다.

세례를 받아 그리스도 예수와 하나가 된 우리는 모두 세례를 받을 때에 그와 함께 죽었다는 것을 여러분은 알지 못합니까? 그러므로 우리는 세례를 통하여 그의 죽으심과 연합함으로써 그와 함께 묻혔던 것입니다. 그것은, 그리스도께서 아버지의 영광으로 말미암아 죽은 사람들 가운데서 살아나신 것과 같이, 우리도 또한 새 생명 안에서 살아가기 위함입니다. 우리가 그의 죽으심과 같은 죽음을 죽어서 그와 연합하는 사람이 되었으면, 우리는 부활에 있어서도 또한 그와 연합하는 사람이 될 것입니다. 우리의 옛 사람이 그리스도와 함께 십자가에 달려 죽은 것은, 죄의 몸을 멸하여서, 우리가 다시는 죄의 노예가 되지 않게 하려는 것임을 우리는 압니다. 죽은 사람은 이미 죄의 세력에서 해방되었습니다. 우리가 그리스도와 함께 죽었으면, 그와 함께 우리도 또한 살아날 것임을 믿습니다. 우리가 알기로, 그리스도께서는 죽은 사람들 가운데서 살아나셔서, 다시는 죽지 않으시며, 다시는 죽음이 그를 지배하지 못합니다. 그리스도께서 죽으신 죽음은 죄에 대해서 단번에 죽으신 것이요, 그분이 사시는 삶은 하나님을 위하여 사시는 것입니다. 이와 같이 여러분도, 죄에 대해서는 죽은 사람이요, 하나님을 위해서는 그리스도 예수 안에서 살고 있는 사람이라는 것을 알아야 합니다(롬 6:3-11, 새번역).

"그럴 수 없느니라!" 바울이 외치는 소리가 들리는 것 같습니다. 헬라어 본문에는 느낌표가 없지만, 바울이 강조하는 느낌을 살리려면 느낌표를 써야 합니다. 우리는 죄에 머무를 수 없습니다. 바울은 본격적으로 그 이유를 말하기 시작합니다. 바울은 예수 그리스도의 십자가 안에 있는 죽음과 새 생명을 꺼내어 놓습니다.

왜 우리는 죄에 머무를 수 없는가? 우리는 죄에 대해 죽은 사람이므로 죄 가운데 살 수 없다는 것입니다(롬 6:2). 우리는 죄와 관계가 없는 사람입니다. 세례를 통해서 예수 그리스도와 함께 된 우리는 그분과 함께 죽었고 그분과 함께 살아났습니다. 지금 예수 그리스도 안에 있는 생명 가운데 사는 사람일 뿐만 아니라 앞으로도 살아갈 것입니다. "이와 같이 여러분도, 죄에 대해서는 죽은 사람이요, 하나님을 위해서는 그리스도 예수 안에서 살고 있는 사람이라는 것을 알아야 합니다(롬 6:11, 새번역)." 우리는 이미 죽었습니다. 무엇에 죽었습니까? 죄에 대해서 죽었습니다. 그리고 우리는 예수님과 함께 살고 있습니다. 그분과 함께 사는 삶, 그분 안에서 찾은 생명은 하나님을 위한 것입니다(롬 6:10). 그래서 바울은 이렇게 말합니다. "우리의 옛사람이 그리스도와 함께 십자가에 달려 죽은 것은, 죄의 몸을 멸하여서, 우리가 다시는 죄의 노예가 되지 않게 하려는 것임을 우리는 압니다(6절, 새번역)." 이제 우리의 소속이 바뀌었습니다. 예전에는 우리에게 죄라는 꼬리표가 붙어 있었는데, 지금은 우리에게 예수라는 꼬리표가 붙어있습니다. 죽음이라는 꼬리표가 아니라 생명이라는 꼬리표가 붙어 있습니다.

3. 의의 무기로 드리라 (6:12-13)

그러나 삶을 살다 보면, 죄에 넘어져 힘들 때가 있습니다. 거듭났다는데 우리의 삶은 도대체 왜 이런가 하는 질문을 할 수밖에 없는 상황이 닥칩니다. 화가 나기도 하고 좌절하기도 합니다. '나는 구원을 받지 못한 것인가?'라고 질문할 때도 있습니다. 우리는 믿음으로 의롭게 되었다는 사실, 곧 이신칭의를 단순히 하나의 명제로 이해할 때가 많습니다. 그러나 이신칭의를 올바로 이해하려면 우리와 하나님과의 관계를 중심으로 살펴야 합니다. 만일 우리에게 사랑하는 사람이 있다면 우리는 그 사람이 기뻐하는 일을 하려고 애쓸 것입니다. 하나님과의 관계도 마찬가지입니다. 우리가 하나님과 사랑하는 관계에 있다면 그 관계에 최선을 다하려고 할 것입니다. 의롭다는 것은 하나님과 사랑의 관계를 맺었다는 의미입니다. 우리는 이제 죄와 이별을 한 사람들입니다. 이미 끝난 관계는 붙들지 않고, 새롭게 사랑의 관계를 맺은 하나님을 위해서 애쓰는 사람들입니다.

바울은 다시 돌아서서 죄를 향해 가면 안 된다고 말합니다. "죄가 여러분의 죽을 몸을 지배하지 못하게 해서, 여러분이 몸의 정욕에 굴복하는 일이 없도록 하십시오(롬 6:12, 새번역)." 죄와 사랑하는 관계를 맺으면 안 됩니다. 대신 바울은 우리 자신을 하나님께 온전히 드리라고 말합니다. '몸'이라는 표현은 단순히 육체만을 말하지 않습니다. '몸'은 우리의 전인격을 표현합니다. 우리의 전인격을 하나님께 드리라는 것입니다. 물론 이 싸움은 지난합니다. 하지만 포기하지 않고 지속적으로 우리 자신을 의의 무기로 드리라고 바울은 권면합니다.

4. 너희는 죄에 종속된 자가 아니다 (6:14-18)

우리가 죄의 노예였을 때, 우리는 가끔 선한 일을 하고 의에는 '자유'로웠습니다. 한마디로 가끔 선한 말과 행동을 하면서 대부분 죄의 노예로 살았습니다. 종종 선을 행하지만, 그렇다고 해서 죄를 벗어났다고 말할 수 없었습니다. 우리는 죄의 지배를 받고 있었기 때문입니다. 그러나 이제 우리는 죄의 종이 아닙니다. 우리는 은혜의 종입니다.

여러분은 율법 아래 있지 않고, 은혜 아래 있으므로, 죄가 여러분을 다스릴 수 없을 것입니다. 그러면 어떻게 해야 하겠습니까? 우리가 율법

아래 있지 않고, 은혜 아래에 있다고 해서, 마음 놓고 죄를 짓자는 말입니까? 그럴 수 없습니다. 여러분이 아무에게나 자기를 종으로 내맡겨서 복종하게 하면, 여러분은, 여러분이 복종하는 그 사람의 종이 되는 것임을 알지 못합니까? 여러분은 죄의 종이 되어 죽음에 이르거나, 아니면 순종의 종이 되어 의에 이르거나, 하는 것입니다. 그러나 하나님께 감사하는 것은, 여러분이 전에는 죄의 종이었으나, 이제 여러분은 전해 받은 교훈의 본에 마음으로부터 순종함으로써, 죄에서 해방을 받아서 의의 종이 된 것입니다(롬 6:14-18, 새번역).

바울은 당위와 명령을 연결하고 있습니다. 이제 우리는 하나님의 백성입니다. 그렇다면 우리는 하나님의 백성답게 살아야 합니다. 우리는 자유로운 자입니다. 그렇다면 우리는 자유롭게 살아야 합니다. 우리는 종이 아닙니다. 그러므로 우리는 종으로 살아서는 안 됩니다. 우리는 죄에서 해방을 받아서 의의 종이 되었습니다(롬 6:18). 물론 우리는 아직 연약합니다. 온전함에 이르지 못했기 때문입니다. 죄는 완전히 없어지지 않고 우리를 자신의 세력으로 끌어들이려고, 노예로 삼으려고 합니다. 그래서 바울은 이렇게 권면합니다. "여러분이 전에는 자기 지체를 더러움과 불법의 종으로 내맡겨서 불법에 빠져 있었지만, 이제는 여러분의 지체를 의의 종으로 바쳐서 거룩함에 이르도록 하십시오. 여러분이 죄의 종일 때에는 의에 얽매이지 않았습니다(롬 6: 19-20, 새번역)."

우리가 죄의 종일 때는 의에 자유로웠기 때문에 의에 얽매이지 않았습니다. 그러나 이제는 의의 종이므로 의에 얽매여야 한다고 바울은 말합니다. 우리의 소속이 어디인지 분명히 알아야 합니다. 가끔 우리는 죄를 짓기도 하고, 어두움에 처하기도 하고, 하나님께서 기뻐하시지 않는 일을 합니다. 그렇다고 하더라도 다시 우리의 소속이 어디인지 생각해야 합니다. 의의 종이 된 우리는 이제 그 이름에 걸맞게 살아가야 합니다.

5. 죄의 삯은 사망 (6:19-23)

> 너희가 그 때에 무슨 열매를 얻었느냐 이제는 너희가 그 일을 부끄러워하나니 이는 그 마지막이 사망임이라 그러나 이제는 너희가 죄로부터 해방되고 하나님께 종이 되어 거룩함에 이르는 열매를 맺었으니 그 마지막은 영생이라 죄의 삯은 사망이요 하나님의 은사는 그리스도 예수 우리 주 안에 있는 영생이니라(롬 6:21-23)

바울은 마지막으로 이 단락을 마무리하면서 죽음과 영원한 생명을 말합니다. 죄가 이끌고 가는 마지막에는 사망, 곧 죽음이 있습니다. 죄는 자기의 종을 죽음으로 이끕니다. 그러나 하나님의 종은 영원한 생명의 길을 갑니다. "이제 여러분은 죄에서 해방을 받고, 하나님의 종이 되어서, 거룩함에 이르는 삶의 열매를 맺고 있습니다. 그 마지막은 영원한 생명입니다(롬 6:22, 새번역)." 죄의 삯은 죽음이며, 하나님의 선물은 영원한 생명입니다. 이 생명을 소유하고 누리는 사람은 복이 있습니다.

1. 믿음으로 의롭게 된 자들은 죄에 거해도 되나요(롬 6:1-2)?
   나는 지금 어디에 거하고 있나요?

2. 예수님의 죽음에 연합된 사람은 그와 같이 그분의 무엇에도 연합되었나요(롬 6:5)?
   이 사실은 나의 삶을 어디로 이끄나요?

3. 우리는 법 아래에 있지 않고 은혜 아래에 있는 자들입니다. 전에는 죄의 종이었지만 이제는 우리 자신을 불의의 무기로 드리면 안 됩니다. 대신에 우리의 몸을 어떤 무기로 드려야 할까요(롬 6:13)?

4. 죄의 삯은 무엇인가요?

1.

의롭다고 여김을 받은 사실이 면죄부가 되는 것은 아닙니다. 죄에 대해서 죽은 우리는 더는 죄에 거하며 살 수 없습니다. 우리가 죄에 머무를 수 없는 이유는 그리스도와 함께 죽었기 때문입니다.

2.

우리는 그리스도 예수 안에서 하나님께 대하여 살아 있는 자들입니다. 우리는 죄에 대해서는 죽은 사람이요 하나님을 위해서 살고 있는 사람입니다 (롬 6:11).

3.

우리는 죄에서 해방되어 의의 종이 된 존재들입니다(롬 6:18). 우리는 하나님의 백성이며 하나님 백성답게 살아야 합니다. 사람들이 한 질문처럼 의롭게 되었다고 해서 죄를 지어도 된다고 바울은 가르치지 않습니다. 더욱 하나님의 의에 헌신하는 우리가 되어야 합니다.

4.

하나님의 선물은 영원한 생명이지만 죄가 이끄는 곳에는 죽음이 있습니다. 죽음과 생명의 갈림길에서 하나님께 매인 우리는 생명의 길을 걷습니다.

오호라
곤고한 사람이로다 로마서 7:1-25

우리 사이가 이렇게 된 거, 나도 안타까워(그런데 조금
후련하긴 해). 어디서부터 어긋났는지 모르겠어
(아무래도 니 탓이 더 크지?). 할 수만 있다면 예전으로
돌아가고 싶어(좋았던 때로 돌아간다고 니가 바뀔 것
같지는 않다만). 정말 여기서 끝이야?(얼른 끝내버려!)

1. 율법에서 자유로움 (7:1-6)

결혼 관계를 생각해봅시다. 결혼 관계에 묶여 있는 동안, 남편과 아내는 중요한 일들을 독단적으로 결정할 수 없습니다. 배우자의 의견을 고려하면서 생각하고 행동해야 합니다. 바울이 살던 당시, 지금으로부터 약 2천 년 전의 사회에서는 이 관계가 더욱 강압적인 성격을 띠고 있었습니다. 특별히 아내는 남편에게 지배를 당하는 관계였습니다. 만약 남편이 죽는다면 그 여인은 남편으로부터 자유롭게 됩니다.

바울은 이러한 결혼 관계를 예로 들어 그리스도인은 남편과 같은 율법에 대해서 죽었다고 설명합니다. '율법과의 결혼 관계'에서 해방된 것입니다. "이제는 우리가 얽매였던 것에 대하여 죽었으므로(롬 7:6)" 우리는 예수 그리스도로 말미암아 율법에 대해 죽었습니다. 율법의 권세는 그리스도의 죽음을 통해 산산조각이 났습니다. 율법은 이제 우리를 지배하지 못합니다(바울은 1절에서 지배한다는 동사를 씁니다). 이제 우리는 예수 그리스도께 속하게 되었습니다. 우리는 예수님의 신부가 되었습니다.

"그래서 여러분은 다른 분, 곧 죽은 사람들 가운데서 살아나신 그분에게 속하게 되었습니다. 그것은 우리가 하나님을 위하여 열매를 맺게 하기 위함입니다(롬 7:4, 새번역)." 이전에는 우리가 율법에 속박되어 있었고 죄가 영향력을 행사했습니다. 그 결과로 우리는 하나님을 위한 열매를 맺지 못하고 사망으로 향하는 열매를 맺었습니다. 그런데 그 율법과 그 율법을 마음껏 이용하던 죄에 대해 해방되었습니다. 그렇기 때문에 우리는 더는 율법에 얽매여 살 필요가 없습니다.

2. 율법은 선한 것이다 (7:7-12)

율법 자체는 악하지 않고 선합니다. 율법은 하나님께서 우리에게 주신 것입니다. 우리는 율법을 통해 하나님의 백성이 어떻게 살아가야 할지에 대한 기준을 알 수 있습니다. 법 자체가 죄를 만들어 내는 것이 아니라 법을 어기는 사람이 죄를 만드는 것입니다. 율법이 악한 것이 아니라 법을 어기는 행위가 악한 것입니다. 물론 악법이 있을 수 있지만, 하나님께서 우리에게 주신 율법은 악법일 수 없습니다. 율법은 선합니다.

그런데 죄가 우리 안에 탐심을 만들고 율법을 어기게 했습니다. 원래 율법은 우리를 생명에 이르게 할 목적으로 만들어졌지만, 죄가 율법을 이용해 우리를 고발합니다. 율법의 거울 앞에서 우리의 죄가 드러납니다. 그 죄로 인해 우리가 사망 가운데 있는 것이 적나라하게 드러납니다. 역설적으로 율법은 우리 안에서 생명을 만들어내지 못하고 오히려 우리를 죽음으로 끌고 가는 것처럼 보입니다. 마치 죄가 살아 있는 인격체처럼 율법을 이용해서 우리를 더욱 장악하는 것처럼 생각될 정도입니다.

바울은 다음과 같이 고발합니다. "계명이 들어오니까 죄는 살아나고, 나는 죽었습니다. 그래서 나를 생명으로 인도해야 할 그 계명이, 도리어 나를 죽음으로 인도한다는 것이 드러났습니다. 죄가 그 계명을 통하여 틈을 타서 나를 속이고, 또 그 계명으로 나를 죽였습니다. 그러므로 율법은 거룩하며, 계명도 거룩하고 의롭고 선한 것입니다(롬 7:9-12, 새번역)." 하나님의 율법은 원래 나를 생명으로 인도하는 것인데, 도리어 그 율법이 나를 죽음으로 인도하는 것처럼 보입니다. 죄는 율법을 이용해서 나를 속이고 나를 죽입니다. 이것은 죄가 나를 하나님의 계명과 전혀 어울리지 않는 악으로 이끌어 가기 때문에 일어나는 일입니다. 그 결과 하나님의 계명은 악인인 나에 대해서 죽어야 한다고 판결을 내립니다. 결국 선한 계명은 나의 악함을 발견하고 유죄선언을 하는 역할을 맡게 됩니다.

3. 오호라 나는 곤고한 사람이로다 (7:13-25)

우리는 율법이 신령한 것인 줄 압니다. 그러나 나는 육정에 매인 존재로서, 죄 아래에 팔린 몸입니다. 나는 내가 하는 일을 도무지 알 수가 없습니다. 내가 해야겠다고 생각하는 일은 하지 않고, 도리어 해서는 안 되겠다고 생각하는 일을 하고 있으니 말입니다(롬 7:14-15, 새번역).

율법은 영적인 것입니다. 그런데 '나'는 죄 아래 팔려서 죄에 소속되고 그 지배를 받고 있습니다. 내가 육신에 속하고 죄 아래 팔린 존재이기 때문에, 나는 하나님의 선함을 이룰 수 없습니다. 원하는 마음이 있다고 할지라도 온전한 하나님의 뜻을 이룰 수 없습니다. 나는 나자신이 무엇을 행하는지 알지 못하고 오히려 내가 미워하는 것만 행합니다. 죄가 율법을 이용하여 우리를 속박하는 것이라고 바울이 앞에서 말한 것과 마찬가지로 죄가 선을 행하지 못하게 합니다. 나는 선을 원하지만, 정작 행하는 것은 내가 원하지 않는 악입니다.

그렇다면, 그와 같은 일을 하는 것은 내가 아니라, 내 속에 자리를 잡고 있는 죄입니다. 나는 내 속에 곧 내 육신 속에 선한 것이 깃들여 있지 않다는 것을 압니다. 나는 선을 행하려는 의지는 있으나, 그것을 실행하지는 않으니 말입니다. 나는 내가 원하는 선한 일은 하지 않고, 도리어 원하지 않는 악한 일을 합니다(롬 7:17-19, 새번역).

내 마음은 하나님의 선을 추구하고 선한 말과 행동을 할 의지를 가지고 있지만, 나는 그것을 실행하지 않습니다. 악한 일만 가득 행하게 됩니다. 우리가 썩어 문드러지는, 철저히 이 세상의 지배를 받는 몸을 가지고 있는 이상 우리를 죽음으로 이끄는 욕망에서 벗어날 수 없습니다. 하나님께서 우리의 "죽을 몸을 살리실(롬 8:11)" 그 날, 해방의 날이 될 때까지 완전히 선을 이루기는 쉽지 않습니다.

그래서 바울은 다음과 같이 외칩니다. "오호라 나는 곤고한 사람이로다 이 사망의 몸에서 누가 나를 건져내랴(롬 7:24)" 바울이 말하는 이 곤고함은 우리가 마음으로는 하나님의 법을 따르려고 하지만 결국 우리의 육신은 하나님의 법이 아닌 죄의 법을 섬기고 있기 때문에 일어납니다. 그런데 이 상황에서도 우리가 감사해야 할 것이 있습니다. 바로 예수 그리스도입니다. 바울은 이어지는 로마서 8장에서 최악으로 곤고한 상황일지라도 예수 그리스도로 말미암아 감사할 수 있다고 말합니다.

1. 바울은 율법과 우리와의 관계를 어떤 관계에 빗대어 설명하나요?
   나는 율법에서 해방된 자유로운 삶을 누리고 있나요?

2. 바울은 율법에 대해서 어떤 평가를 내리고 있나요?
   하나님께서 율법을 선한 것으로 주셨다고 했는데 율법이 부정적으로
   느껴지는 까닭은 무엇일까요?

3. 그렇다면 율법이 문제일까요, 죄의 지배를 받고 율법을 어기는 내가 문
   제일까요?

4. 바울의 외침을 생각해봅시다. "오호라 나는 곤고한 사람이로다 이 사
   망의 몸에서 누가 나를 건져내랴(롬 7:24)" 나의 영혼도 이렇게 외친
   적이 있나요?

1.

만약 우리가 남편으로 비유되는 율법에 대해 죽었다면, 우리는 율법과의 관계에서 해방되었다고 할 수 있습니다. 우리는 이제 예수님의 신부가 되었습니다. 예수님께 얽매이는 것이 진정한 자유가 아닐까요?

2.

율법 자체는 악하지 않습니다. 율법은 선하며 우리를 생명으로 이끕니다.

3.

율법은 영적인 것입니다. 그렇지만 우리 안에 거하는 죄가 선을 행하지 못하게 합니다. 나는 선을 원하지만 결과물은 죄와 죽음입니다.

영광의 자유에 이른 너희여

로마서 8:1-34

분홍빛이었던 네 볼이 더는 발그레하지 않아도,
너를 으쓱하게 했던 직함, 네가 소유했던 건물과 물건들이
사라져도, 간병인 외에는 네 옆에 머무는 사람이 없어도,
나는 너를 사랑한다. 내가 너를 사랑하는 만큼 너는 나를
사랑할 수 없다는 걸 안다. 그래도 괜찮다. 나는 너의
존재 자체만으로 충분하다. 이미 내가 너를 지었을
때부터 사랑의 저울은 기울어졌다. 내 힘과 능력으로도
어쩔 수 없다. 이것이 나의 사랑이다.

1. 결코 정죄함이 없나니 (8:1-4)

앞에서 바울은 우리가 죄의 영향을 받기 때문에 우리 마음으로는 하나님의 선을 추구하지만, 여전히 악한 경향을 보인다고 말했습니다. 그런데 바울은 놀라운 선언을 합니다. "그러므로 그리스도 예수 안에 있는 사람들은 정죄를 받지 않습니다(롬 8:1, 새번역)." 그리스도 예수 안에 있는 우리에게는 유죄 판결이 선언되지 않습니다. 하나님께서는 죄의 심판을 우리 대신에 예수 그리스도께 내리셨습니다. 십자가에서 죄를 심판하신 것입니다(롬 8:3). 그러므로 우리에게는 더는 정죄함이 없습니다.

또한 우리는 생명의 성령의 지배를 받게 되었기 때문에 유죄 판결을 받지 않습니다. 하나님의 영은 우리에게 생명을 허락하시고 율법을 이루게 하십니다. "그것은 육신을 따라 살지 않고 성령을 따라 사는 우리가, 율법이 요구하는 바를 이루게 하시려는 것입니다(롬 8:4, 새번역)." 죄의 영향 아래, 율법의 영향 아래서 하나님의 기쁘신 일을 할 수 없었던 우리가 하나님께서 율법을 통하여 이루고자 하시는 일을 행할 수 있게 된 것입니다. 우리가 욕심대로 육체를 따라 살 때는 하나님의 일을 도무지 이룰 수 없었지만, 십자가 덕분에 우리는 성령을 따라 하나님께서 원하시는 일을 행할 수 있습니다. 이제 죄에서 해방되었습니다.

2. 생명의 삶 (8:5-11)

죄가 없다는 선언을 받은 우리는 생명을 누립니다. 이것은 성령께서 우리에게 행하시는 일입니다. 하나님의 의롭다는 선언은 우리의 죄

없음만을 선언하고 끝나는 것이 아니라 사망의 길을 극복하는 결과를 낳습니다. "또한 그리스도께서 여러분 안에 살아계시면, 여러분의 몸은 죄 때문에 죽은 것이지만, 영은 의 때문에 생명을 얻습니다(롬 8:10, 새번역)." 우리는 죽음으로 끝나는 존재가 아닙니다. 이전에는 육신의 영향으로 악한 경향 때문에 죄에 갇히고 율법의 정죄를 받아 사망의 길을 걸었습니다. 그러나 지금 우리는 생명의 길 위에 있는, 생명의 길을 걷는 존재입니다.

예수를 죽은 사람들 가운데서 살리신 분의 영이 우리 안에 살아 계시면, 그리스도를 죽은 사람들 가운데서 살리신 분께서 우리 안에 계신 그의 영으로 우리의 죽을 몸도 살리실 것입니다(롬 8:11). 하나님께서는 예수님을 살리셨습니다. 이것이 부활입니다. 바울은 부활을 하나님의 능력이라고 말합니다. 그분의 영이 우리 안에 살아있습니다. 그리고 예수님을 살리신 하나님께서 우리를 살리실 것을 우리는 믿습니다. 이 일을 수행하시는 분이 성령입니다. 죽을 수밖에 없던 우리는 성령을 통해서 생명을 맛봅니다.

3. 하나님의 자녀들 (롬 8:12-25)

우리는 하나님의 영을 소유한 하나님의 자녀들입니다. 원래 하나님의 아들은 예수 그리스도 한 분뿐이었습니다. 그런데 하나님께서는 그분의 영을 우리에게 부어주시고 우리를 자녀로 삼으셨습니다. 우리는 친자녀가 아니지만, 하나님께서는 우리를 양자로 삼으셨고 그분의 권세를 포함한 모든 것을 상속시키셨습니다. 로마 시대에 카이사르의 양자는 옥타비아누스였습니다. 그는 카이사르의 후계자가 됩니다. 양자가 아버지의 권리와 직위를 물려받은 것처럼, 우리는 하나님의 모든 영광을 상속받고 그 영광을 소유합니다.

바울은 모든 만물이 이 영광스러운 자녀들을 기다리고 있다고 말합니다. 바울은 구원론을 우주론적인 관점으로 확장합니다. 모든 피조물은 첫 인간 아담이 저지른 죄의 영향으로 썩어짐, 곧 죽음의 종노릇을 하고 있었습니다. 또한 계속해서 고통을 당하고 있었습니다. 그런데 하나님의 일을 행할 자녀들이 와서 모든 피조물을 자유롭게 해줄 것을 기다리고 있다고 말합니다. "그것은 곧 피조물도 썩어짐의 종살이에서 해방되어서, 하나님의 자녀가 누릴 영광된 자유를 얻으리라는 것입니다. 모든 피조물이 이제까지 함께 신음하며, 함께 해산의 고통을 겪고 있다는 것을, 우리는 압니다(롬 8:21-22, 새번역)."

오늘날 인간이 저지르는 죄악으로 하나님께서 만드신 피조물이 고통당하는 것을 우리는 매 순간 목도하고 있습니다. 새끼들에게 플라스틱 폐기물을 먹이로 주는 어미 새의 사진은 충격으로 다가옵니다. 고통당하는 피조물이 기다리는 것은 무엇입니까? 그것은 하나님의 자녀들이 영광의 자유에 이르는 것입니다. "피조물은 하나님의 자녀들이 나타나기를 간절히 기다리고 있습니다(롬 8:19, 새번역)." 그 자녀들이 누릴 영광된 자유를 그들도 함께 누리길 원합니다(롬 8:21).

4. 자녀들의 영광 (8:26-30)

피조물이 바라는, 하나님의 자녀들의 영광에는 어떻게 이를 수 있습니까? 우리의 힘으로는 그 영광에 이를 수 없습니다. 성령의 깊은 탄

식의 기도와 예수 그리스도의 간구로 그 영광으로 나아갑니다. 이를 통해 우리는 하나님 앞에서 선을 이루어 갈 수 있습니다.

지금은 우리가 영광에 이를 수 없고, 영광은커녕 삶에 힘겨움, 고난, 괴로움만 가득할 수 있습니다. 눈앞의 상황은 영광과는 상관이 없는 비참함일 수 있지만, 하나님께서는 자기 아들을 모델로 보이시면서 그 영광을 반드시 이루실 것을 보여주셨습니다. "하나님께서는 미리 아신 사람들을 택하셔서, 자기 아들의 형상과 같은 모습이 되도록 미리 정하셨으니, 이것은 그 아들이 많은 형제 가운데서 맏아들이 되게 하시려는 것입니다. 그리하여 하나님께서는 이미 정하신 사람들을 부르시고, 또한 부르신 사람들을 의롭게 하시고, 의롭게 하신 사람들을 또한 영화롭게 하셨습니다(롬 8:29-30, 새번역)."

우리는 십자가의 길을 걸으셔서 영광을 얻으신 예수 그리스도를 따라가는 자들입니다. 그 길로 걸어갈 때, 우리는 하나님의 영광을 소유한 자들이 될 것입니다(롬 8:17-18). 하나님께서는 이미 우리를 의롭다고 선언하셨을 뿐 아니라 영화롭다고 말씀하셨습니다. 우리의 소망은 현재 우리가 처한 상황이 조금 나아지는 것이 아니라 장차 우리가 소유하게 될 하나님의 영광입니다.

5. 누가 고발하리요 (8:31-34)

성령께서만 우리를 위해서 기도하시는 것이 아니라 예수님께서도 우리를 위해서 간구하십니다(33-34절). 이 간구는 우리를 고발하는 적들의 고소와 연결되어 있습니다. 우리를 죄 있다고 선언하게 만들기 위한 노력을 하는 자들이 아직도 있습니다. 그런데 이전에는 우리가 유죄라는 선언을 받아야 할 존재들이었지만, 예수 그리스도의 십자가 사건으로 우리에게는 무죄가 선언되었습니다. 그 누구도 다시는 우리에게 유죄를 선언할 수 없습니다. 고발에 대한 변호를 위해서 예수님께서는 지금도 하나님 보좌 우편에서 간구하고 계십니다.

바울은 이렇게 말합니다. "하나님께서 택하신 사람들을, 누가 감히 고발하겠습니까? 의롭다 하시는 분이 하나님이신데, 누가 감히 그들을 정죄하겠습니까? 그리스도 예수는 죽으셨지만 오히려 살아나셔서 하나님의 오른쪽에 계시며, 우리를 위하여 대신 간구하여 주십니다 (롬 8:33-34, 새번역)." 그리스도께서 죽으시고 부활하시고 하나님 보좌 우편에 앉으신 것은 바로 이 일을 위해서입니다. 우리가 죄 없다는 선언을 받고 하나님의 영광에 이르도록 하기 위해서 예수 그리스도께서는 지금도 보좌 우편에서 우리를 위해 간구하고 계십니다.

6. 끊을 수 없는 하나님의 사랑 (8:35-38)

바울은 로마서 8장을 우리가 소유한 의로움으로 시작해서 하나님의 사랑으로 끝맺습니다. 누구도 우리를 하나님의 사랑에서 끊을 수 없습니다. 무엇도 우리를 하나님의 사랑에서 끊을 수 없습니다. 죽음과 삶, 모든 영적인 존재, 온 우주의 질서, 우리의 현재와 미래 - 그 어떤 것도 우리를 향한 하나님의 사랑을 넘어설 수 없습니다. 그분의 사랑은 이 모든 것들보다 크고 광대합니다.

"나는 확신합니다. 죽음도, 삶도, 천사들도, 권세자들도, 현재 일도,

장래 일도, 능력도, 높음도, 깊음도, 그 밖에 어떤 피조물도, 우리를 우리 주 예수 그리스도 안에 있는 하나님의 사랑에서 끊을 수 없습니다(롬 8:38-39, 새번역)." 바울은 확신하고 있습니다. 하나님의 사랑은 너무나 크다고 말합니다. 그 사랑은 바울이 생각한 가장 광대한 것이었습니다. "높음"과 "깊음"은 온 우주를 표현하는 단어입니다. 하나님의 광대한 사랑은 하늘의 별들이 지나가는 가장 높은 자리, 그리고 그 별들이 지나가는 가장 낮은 자리보다 더 크다는 것입니다. 온 우주의 어떠한 것이라도 하나님의 사랑을 넘어설 수 없다고 말합니다. 그 사랑을 힘입어 우리는 승리할 수 있습니다. "그러나 우리는 이 모든 일에서 우리를 사랑하여 주신 그분을 힘입어서, 이기고도 남습니다(롬8:37, 새번역)."

1. 그리스도 예수 안에 있는 사람들은 무엇을 받지 않나요?
   이 사실은 나에게 무슨 의미가 있나요?

2. 원래 하나님의 아들은 예수 그리스도 한 분이었습니다. 그런데 하나님
   께서는 우리를 무엇으로 삼으셨나요? 우리는 하나님을 뭐라고 부르나
   요?

3. 어떻게 하면 피조물이 바라는 하나님의 자녀들의 영광에 이를 수 있
   을까요?
   우리는 영광의 길을 걷는 자로서 무엇을 견뎌낼 수 있나요(롬 8:17-18)?

4. 예수님께서는 우리를 위해서 무엇을 간구하시나요(롬 33-34절)?
   온 우주의 어떤 것도 우리를 무엇에서 끊을 수 없을까요? 이 이상의
   위로와 힘이 있을까요?

1.

우리에게는 유죄 판결이 내려지지 않습니다. 그 이유는 하나님께서 우리가 받아야 할 죄의 심판을 예수 그리스도께 내리셨기 때문입니다. 우리는 죄와 율법에서 해방되었습니다. 그것은 성령의 힘입니다. 우리는 생명의 길을 걷는 자입니다.

2.

양자는 부정적인 의미를 지니지 않습니다. 하나님의 권위와 일하심을 상속할 자입니다. 자녀들에게는 영광스러운 하나님을 소유로 삼는, 상속받을 권리가 있습니다.

3.

"하나님께서는 미리 아신 사람들을 택하셔서, 자기 아들의 형상과 같은 모습이 되도록 미리 정하셨으니, 이것은 그 아들이 많은 형제 가운데서 맏아들이 되게 하시려는 것입니다. 그리하여 하나님께서는 이미 정하신 사람들을 부르시고, 또한 부르신 사람들을 의롭게 하시고, 의롭게 하신 사람들을 또한 영화롭게 하셨습니다(롬 8:29-30, 새번역)." 현재의 우리의 상황이 아니라 장차 우리가 소유하게 될 하나님의 영광이 우리의 소망이 됩니다.

4.

우리를 변호하기 위해 예수님께서 지금도 하나님 보좌 우편에서 간구하고 계십니다. 이 일을 위해 그리스도께서는 죽으시고 부활하시고 하나님 보좌 우편으로 높아지셨습니다. 영적인 존재, 죽음과 삶, 그리고 온 우주, 그 어느 것도 우리를 향한 하나님의 사랑을 넘어설 수 없습니다.

이스라엘에 대한
하나님의 신실하심 로마서 9:1-11:36

"넌 어떻게 교회 다니게 되었어?"

"아, 내 친구 준이가 교회 같이 가자고 해서 왔지."

"그럼 준이는?"

"준이? 준이는 어렸을 때부터 교회 다녔는데. 엄마 따라 다닌 거지. 엄마가 교회 다니잖아."

"그럼 준이 엄마는 어떻게 교회 다니게 되었대?"

"그걸 내가 어떻게 아냐. 궁금하면 준이한테 물어봐. 근데 그게 왜 궁금해?"

"아, 그게 말이야, 내가 빚지고는 못 사는 성격이어서..."

1. 하나님은 거짓말쟁이신가? (9:1-18)

하나님께서는 신실하신 분이시며 거짓이 없으신 분이십니다. 신실하다는 말은 믿을만하다는 말입니다. 하나님께서는 약속을 철저히 지키시는 분이십니다. 다른 말로 하면, 우리의 구원과 영광에 이르는 길에서 하나님께서는 끝까지 우리를 포기하지 않으십니다. 바울은 로마서 1장에서 8장까지 이런 내용을 이야기했습니다. 믿는 자는 누구나 하나님 앞에서 의롭다고 여김을 받습니다. 그분의 백성이 되었다는 인정은 하나님의 신실함에 기대어 무너지지 않는 확고한 사실이 됩니다.

그런데 질문이 하나 생깁니다. 하나님께서 언약을 맺으셨고 율법을 주셨던 유대인들은 어떻게 되는가 하는 질문입니다. 이방인인 우리를 그분의 백성으로 맞아들이셨는데 유대인들은 버리셨는가 하는 질문을 던질 수 있습니다. 그렇지 않습니다. 하나님의 신실함은 유대인들에게도 적용됩니다. 하나님께서 그들에게 하신 약속은 여전히 유효합니다. 유대인들이 예수 그리스도를 거부하고 복음의 불길이 이방인에게 퍼져가면서 이스라엘에 대한 하나님의 약속이 깨진 것처럼 생각되었지만, 바울은 하나님께서 여전히 유대인들에게도 신실하신 분이라는 것을 강조하고 있습니다. 그들에게는 영광과 언약과 예배, 그리고 약속들이 있습니다. 그리스도도 그들에게서 나셨습니다.

> 내 동족은 이스라엘 백성입니다. 그들에게는 하나님의 자녀로서의 신분이 있고, 하나님을 모시는 영광이 있고, 하나님과 맺은 언약들이 있고, 율법이 있고, 예배가 있고, 하나님의 약속들이 있습니다. 족장들은 그들의 조상이요, 그리스도도 육신으로는 그들에게서 태어나셨습니다.

그는 만물 위에 계시며 영원토록 찬송을 받으실 하나님이십니다. 아멘. 그러나 하나님의 약속의 말씀이 폐했다고는 할 수 없습니다(롬 9:4-6, 새번역).

바울은 자신도 이스라엘 백성, 곧 유대인이며 그들에게는 하나님의 언약이 있고, 하나님께서는 그 언약 가운데 신실하시다고 주장합니다. 대신 바울은 이스라엘에 대한 새로운 정의를 내리고 있습니다. 이제 자녀가 되는 것은 혈통이나 행위가 아니라 약속을 따르는 것입니다. 이스라엘 민족으로 태어난 사람이라고 해서 다 이스라엘 사람이 아니고, 아브라함의 자손이라고 해서 다 아브라함의 자녀가 아닙니다. 다만 "이삭에게서 태어난 사람만을 너의 자손이라고 부르겠다" 하셨습니다. 이것은 곧 육신의 자녀가 하나님의 자녀가 되는 것이 아니라, 약속의 자녀가 참 자손으로 여겨지리라는 것을 뜻합니다(롬 9:6-8, 새번역).

구약의 이스라엘 백성에게 하신 약속 또한 혈통이나 행함이 아니라 선택을 따릅니다. 유대인들은 이것을 오해하고 있었습니다. 그들은 버림받은 것이 아니라 하나님의 새로운 약속과 선택 안에 있습니다. 하나님께서는 여전히 신실하시고 그들에게 긍휼을 베푸십니다. 이것이 언약적인 사랑, 헤세드입니다. "그것은 하나님이 호세아의 글 속에서 하신 말씀과 같습니다. 나는 내 백성이 아닌 사람을 내 백성이라고 하겠다. 내가 사랑하지 않던 백성을 사랑하는 백성이라고 하겠다(롬 9:25-26, 새번역)." 하나님께서는 이방인들도 사랑하시며, 유대인들도 사랑하시는 분이십니다.

2. 사람들의 질문 (9:19-33)

사람들은 하나님의 긍휼에 대해서 질문합니다. 사랑의 하나님께서 어떻게 이스라엘을 심판하셨습니까? 왜 진노하셨습니까? 이 질문에 대해서 바울은 하나님께서 그루터기를 남기셨다고 말합니다. 하나님의 심판은 버림이 아니라 남김을 위한 것이며 이는 믿음의 길과 연결됩니다.

이사야는 이스라엘을 두고 이렇게 외쳤습니다. "이스라엘 자손의 수가 바다의 모래와 같이 많을지라도, 남은 사람만이 구원을 얻을 것이다. 주님께서는 그 말씀하신 것을 온전히, 그리고 조속히 온 땅에서 이루실 것이다(사 10:22, 새번역)." 이것은 이사야가 미리 말한 "만군의 주님께서 우리에게 씨를 남겨 주지 않으셨더라면, 우리는 소돔과 같이 되고, 고모라와 같이 되었을 것이다(사 1:9, 새번역)."라고 한 것과 같습니다. 이사야는 이 남은 자들을 그루터기라고 표현합니다. "그러나 밤나무나 상수리나무가 잘릴 때에 그루터기는 남듯이, 거룩한 씨는 남아서, 그 땅에서 그루터기가 될 것이다(사 6:13, 새번역)."

그러면 우리는 무엇이라고 말해야 하겠습니까? 의를 추구하지 않은 이방 사람들이 의를 얻었습니다. 그것은 믿음에서 난 의입니다(롬 9:27-30). 이사야의 그루터기, 남은 자는 의의 법을 따르는 자입니다. 모든 사람이 율법으로는 의의 법을 따를 수 없기 때문에 유대인들 중에서도 믿음으로 의에 이르는 자들이 남은 자입니다. 이스라엘의 문제는 이것을 무시하고 행위를 의지한 것입니다(롬 9:32). 그리고 예수 그리스도를 받아들이지 못하고 그분과 부딪혀 산산이 흩어졌습니다.

3. 그리스도에 관한 소식 (10장)

오늘 우리는 유대인들처럼 믿음 없이 살아가고 있지는 않습니까? 화려한 교회의 건물에 몰려가 예배를 드리지만, 혹시 예수 그리스도를 참으로 의지하는 믿음과는 멀어져 있지 않습니까? 우리에게는 예수 그리스도의 복된 소식이 들리고 있습니까? 혹시 유대인들처럼 종교생활에 빠져서 예수님을 바라보지 못하고 있지는 않습니까?

우리가 가야 할 길은 유대인들의 길과는 다릅니다. 예수 그리스도를 주로 시인하는 것입니다. 그리고 그분을 죽은 자 가운데서 살리신 하나님의 능력을 믿는 것입니다. 바울은 이렇게 말합니다. "주님의 이름을 부르는 사람은 누구든지 구원을 얻을 것입니다(롬 10:13, 새번역)." 우리는 이 기쁜 소식을 받아 예수님을 주로 고백하는 자입니다. "그러므로 믿음은 들음에서 생기고, 들음은 그리스도를 전하는 말씀에서 비롯됩니다(롬 10:17, 새번역)." 남은 자는 이 기쁜 소식을 듣고 믿는 자입니다.

4. 세상의 풍성 (11장)

하나님께서는 이 믿음을 통해서 다시 이스라엘을 부르고 계십니다. 하나님께서는 이스라엘을 버리지 않으셨습니다. 당장은 하나님께 버림받은 것처럼 생각할 수 있지만 그들이 넘어짐으로써 온 세상의 풍성을 만들어냈습니다. 그리고 그들도 예수 그리스도의 믿음의 길로 초대받았습니다.

그러면 내가 묻습니다. 이스라엘이 걸려 넘어져서 완전히 쓰러져 망하게끔 되었습니까? 그럴 수 없습니다. 그들의 허물 때문에 구원이 이방 사람에게 이르렀는데, 이것은 이스라엘에게 질투하는 마음이 일어나게 하려는 것입니다. 이스라엘의 허물이 세상의 부요함이 되고, 이스라엘의 실패가 이방 사람의 부요함이 되었다면, 이스라엘 전체가 바로 설 때에는, 그 복이 얼마나 더 엄청나겠습니까? 이제 나는 이방 사람인 여러분에게 말합니다. 내가 이방 사람에게 보내심을 받은 사도이니만큼, 나는 내 직분을 영광스럽게 생각합니다(롬 11:11-13, 새번역).

바울은 이와 같은 상황을 올리브 나무로 설명합니다. "그러므로 '본래의 가지가 잘려 나간 것은, 그 자리에 내가 접붙임을 받게 하시려는 것이었다'하고 그대는 말해야 할 것입니다. 옳습니다. 그 가지들이 잘린 것은 믿지 않은 탓이고, 그대가 그 자리에 붙어 있는 것은 믿었기 때문입니다. 그러니 교만한 마음을 품지 말고, 도리어 두려워하십시오(롬 11:19-20, 새번역)." 이스라엘이 버려진 것과 같은 상황에서 우리는 그들을 비난해서는 안 된다고 말합니다. 교만해서는 안 됩니다. 우리가 지금 이 풍성한 자리에 이른 것은 믿음으로 된 것임을 알고 두려워해야 합니다.

바울은 온 이스라엘이 돌아올 것을 기대합니다. 버려지는 것으로 끝이 아니라 장차 하나님의 한 백성으로 돌아올 것을 고백합니다. "하나님의 은사와 부르심에는 후회하심이 없느니라(롬 11:29)" 이스라엘에 대한 하나님의 부르심에는 후회가 없습니다.

하나님이 모든 사람을 순종하지 아니하는 가운데 가두어 두심은 모든 사람에게 긍휼을 베풀려 하심이로다 깊도다 하나님의 지혜와 지식의 풍성함이여, 그의 판단은 헤아리지 못할 것이며 그의 길은 찾지 못할 것이로다 누가 주의 마음을 알았느냐 누가 그의 모사가 되었느냐 누가 주께 먼저 드려서 갚으심을 받겠느냐 이는 만물이 주에게서 나오고 주로 말미암고 주에게로 돌아감이라 그에게 영광이 세세에 있을지어다 아멘(롬 11:32-36)

하나님께서 이스라엘 백성을 순종하지 않게 만드신 것은 이방인이 하나님의 언약적 긍휼을 얻게 하기 위해서입니다. 그리하여 모든 백성이 하나님의 언약적 복을 얻습니다(창 12:1-3). 이것은 신비이며, 하나님의 무궁한 지혜로움과 영광입니다.

1. 하나님께서는 신실하신 분이십니다. 그분이 자신의 백성인 이스라엘을 버리셨나요?
   육신의 자녀가 하나님의 자녀가 되는 것이 아니라면 누가 하나님의 참 자손으로 여겨질까요(롬 9:8)?

2. 하나님께서는 이스라엘 백성이 아니었기 때문에 자기 백성이 아니었던 자, 사랑받지 못했던 자들을 어떤 자들이라고 부르시나요(롬 9:25)?

3. 사랑의 하나님께서 어떻게 그분의 백성인 이스라엘을 심판할 수 있을까요?

4. 예수 그리스도의 소식은 기쁜 소식, 복된 소식인가요?
   사람들이 이 기쁜 소식을 듣고 구원을 얻게 하려면 무엇을 해야 할까요(롬 10:14)?

1.

복음이 이방인에게 퍼져가면서 하나님께서 이스라엘을 버리신 것 같지만, 그분은 여전히 유대인의 하나님이십니다. 이제는 자신의 백성이 되는 새로운 기준을 제시하십니다. 하나님께서는 유대인도 사랑하시지만, 이방인도 사랑하십니다.

2.

하나님께서는 자신의 백성이 아니었던 이방인들을 이제 하나님의 백성으로 만드십니다. 그의 사랑은 모든 민족에게까지 미치는 사랑으로 드러나고 있습니다.

3.

바울은 하나님께서 구원을 얻을 남은 자를 남겨주셨다고 말합니다 (롬 9:27). 하나님께서 그렇게 남겨주시지 않으셨으면 우리는 소돔과 고모라같이 되었을 것입니다(롬 9:29).

4.

구원과 거리가 멀었던 우리에게 예수 그리스도의 소식은 복음, 곧 복된 소식입니다. 그리스도의 이름을 부르는 자가 구원을 얻습니다(롬 10:13).

영광의 제물로서의 삶

로마서 12:1-13:14

"내년에 우리 청소년부 교사로 승현 군을 세우면
어떨까요?"

"아, 승현이요? 좋죠. 성실하고, 애들하고 소통도 잘할
것 같고... 그런데 전도사님, 그거 아세요?"

"뭐를요?"

"승현이 3년째 취준하고 있잖아요. 알바해서 겨우 월세
내는 거 같던데, 애들한테 간식이라도 한 번 사줄 수
있을까요? 반 애들이랑 피자 먹으러 가면 십만 원은
돈도 아니에요. 우리 청소년부 청년 교사들은 다 그렇게
하잖아요. 정규직인 친구들만 교사 지원하는 건
다 이유가 있다구요. 전도사님은 잘 모르시겠지만..."

1. 너희 몸을 산 제사로 드리라 (12:1-2)

바울은 로마 교회 교인들에게 너희가 의롭게 되었으므로 너희 몸을 산 제사로 드리라고 권면하고 있습니다. 이제 그리스도 안에서 의롭게 된 우리는 하나님의 자녀입니다(롬 8장). 자녀로서 그리고 하나님의 백성으로서 우리는 모든 삶을 하나님 앞에 드려야 합니다. 바울은 이것을 영적인 예배라고 말합니다. 우리의 예배는 단순히 주일에 교회 건물에서만 이루어지는 것이 아닙니다. 하나님께서는 우리의 '몸'을 산 제사로 드리기 원하십니다. 그분이 기뻐하는 제사가 되도록 우리의 삶을 드리기 원하십니다.

이 제사는 이 세상의 방식이 아닌 새로운 제사입니다. 리처드 포스터는 『돈, 섹스, 권력』이라는 책을 썼습니다. 이 책의 제목은 현대인의 삶을 잘 대변합니다. 돈과 탐욕, 성적 욕망, 그리고 권력과 명예에 대한 욕심은 우리를 지배하는 새로운 우상입니다. 이것은 오늘 교회 안에도 깊이 뿌리 박혀 있습니다. 과연 우리는 이러한 세상의 방식에서 자유롭습니까? 우리의 전인격을 하나님 앞에 내어놓을 수 있는지 계속 물어보아야 합니다. 우리가 얻게 된 "의"는 하나님과의 올바른 관계를 말합니다. 우리는 하나님과 새롭고 올바른 관계를 맺었습니다. 이 관계가 깨어지거나 하나님 없는 삶으로 돌아가서는 안 됩니다.

2. 서로 지체가 되었느니라 (12:3-13)

우리가 산 제사로 우리 자신을 드리는 것은 예수 그리스도를 머리로 하는 교회를 섬기는 데서 드러납니다(롬 12:3-13). 교만하지 않고 우리에게 주어진 믿음의 분량대로 교회를 섬겨야 합니다. 우리가 맡은

각각의 부분에서 하나님께서 받으실만한 제사로서 우리의 섬김을 드려야 합니다.

> 가령, 그것이 예언이면 믿음의 정도에 맞게 예언할 것이요, 섬기는 일이면 섬기는 일에 힘써야 합니다. 또 가르치는 사람이면 가르치는 일에, 권면하는 사람이면 권면하는 일에 힘쓸 것이요, 나누어 주는 사람은 순수한 마음으로, 지도하는 사람은 열성으로, 자선을 베푸는 사람은 기쁜 마음으로 해야 합니다. 사랑에는 거짓이 없어야 합니다. 악한 것을 미워하고, 선한 것을 굳게 잡으십시오. 형제의 사랑으로 서로 다정하게 대하며, 존경하기를 서로 먼저 하십시오. 열심을 내어서 부지런히 일하며, 성령으로 뜨거워진 마음을 가지고 주님을 섬기십시오. 소망을 품고 즐거워하며, 환난을 당할 때에 참으며, 기도를 꾸준히 하십시오. 성도들이 쓸 것을 공급하고, 손님 대접하기를 힘쓰십시오(롬 12:6-13, 새번역).

말씀으로 섬기는 자는 믿음의 분수를 넘어서지 않아야 합니다. 우리는 섬기고 가르치며 위로해야 합니다. 구제할 때는 성실히 행해야 합니다. 교회를 지도하고 인도하는 자는 부지런히 해야 합니다. 긍휼을 베푸는 사람은 즐겁게 해야 합니다. 열심히 주님을 섬겨야 합니다. 기도에 힘써야 합니다. 이뿐 아니라 우리는 특별히 우리 주변의 형제들을 사랑해야 합니다. 예수 그리스도께서 우리를 환대하신 것처럼 우리의 환대를 보여줘야 합니다. 공동체 안에서 아프고 힘겨워하는 사람과 함께 합니까? 아니면 오직 우리의 관심과 욕심을 채우기 위해서 그저 교회를 드나들기만 합니까?

이어서 바울은 악을 다루는 방식을 설명합니다. "아무에게도 악을 악으로 갚지 말고, 모든 사람이 선하다고 생각하는 일을 하려고 애쓰십시오. 여러분 쪽에서 할 수 있는 대로 모든 사람과 더불어 화평하게 지내십시오(롬 12:17-18, 새번역)." 교회 안과 밖 모두에서 우리는 악을 악으로 갚지 않아야 합니다. 모든 심판은 하나님께 달려있기 때문입니다. 우리는 악에게 지지 말고, 선으로 악을 이기는 자들이 되어야 합니다.

3. 위에 있는 권세들에게 복종하라 (13:1-7)

바울은 권세에 순종할 것을 요구합니다. 우리는 입맛에 맞는 정치가들이나 정당만을 지지하고, 좋아하지 않는 정치가들이 집권했을 때는 그 권력을 인정하지 않는 경향이 있습니다. 바울은 모든 권세가 하나님께로부터 온 것을 강조합니다. 이론적으로 권세는 악을 억제하고 공공선을 도모합니다. 그런 맥락에서 집권한 정치가들을 하나님의 사역자로 볼 수 있습니다.

바울은 집권한 정치가들에 대해 설명하면서 예배자라는 단어까지 사용합니다. 물론, 바울은 정교일치를 말하지 않습니다. 정치가들이 우리를 종교로까지 이끌어가지는 않습니다. 그러나 이들은 악을 행하는 자에게 하나님을 대리해 진노를 행하는 자들로 이해해야 합니다. 바울은 이들에게 순종하는 방법으로 합당한 세금을 지불해야 한다고 말합니다. 예수님께서 가르치신 것처럼, "가이사의 것은 가이사에게, 그리고 하나님의 것은 하나님께" 돌려 드려야 합니다. 모든 권세는 하나님께서 다스리시며, 그 아래에 가이사의 권세가 있는 것입니다.

4. 사랑은 율법의 완성 (13:8-10)

바울은 "서로 사랑하는 것 외에는, 아무에게도 빚을 지지 마십시오." 라고 권면합니다(롬 13:8, 새번역). 빚은 부정적인 의미를 지니고 있습니다. 빚을 져서는 안 됩니다. 그런데 바울은 다른 사람을 빚지게 만드는 것처럼 사랑을 한없이 베풀라고 말하고 있습니다. 교회는 이렇게 갚을 수 없는 사랑의 빚을 지는 공동체여야 합니다. 교회 공동체는 사랑을 마음껏 누려야 합니다.

사랑은 율법을 다 이룹니다. 바울은 다음과 같이 말합니다. "모든 계명은 네 이웃을 네 몸과 같이 사랑하여라 하는 말씀에 요약되어 있습니다(롬 13:9, 새번역)." 율법의 다양한 요구들은 사랑에 대한 표현입니다. 우리가 율법에서 사랑을 보지 못한다면 율법주의자가 될 가능성이 높습니다. 사랑은 그리스도인의 삶의 핵심입니다. "그러므로 사랑은 율법의 완성입니다(롬 13:10, 새번역)." 이제 우리는 일일이 율법의 조문들을 다 따르지 않습니다. 우리는 사랑함으로써 율법을 성취하기 때문입니다.

한국 교회는 가장 분열이 심하고 다툼이 많은 곳 중 하나입니다. 교회는 세상을 위한 봉사에 힘쓰는데도 불구하고 사람들은 기독교를 신뢰하지 않습니다. 우리가 행하는 사랑이 실제로 아무런 영향력을 미치지 못하기 때문이 아닐까 싶습니다. 사랑이 율법의 완성이라고 말하면서 혹시 교회의 문턱은 소외된 사람들에게 높지 않은지 생각해보아야 합니다. 세상 사람들은 우리 그리스도인들을 통해서 사랑을 경험하고 있습니까? 우리의 사랑은 너무 높은 교회의 문턱으로 인해 밖으로 흘러가지 못하고 막혀있지는 않습니까?

5. 빛의 갑옷을 입자 (13:11-14)

> 밤이 깊고, 낮이 가까이 왔습니다. 그러므로 우리는 어둠의 행실을 벗
> 어버리고, 빛의 갑옷을 입읍시다. 낮에 행동하듯이, 단정하게 행합시
> 다. 호사한 연회와 술취함, 음행과 방탕, 싸움과 시기에 빠지지 맙시다.
> 주 예수 그리스도로 옷을 입으십시오. 정욕을 채우려고 육신의 일을 꾀
> 하지 마십시오(롬 13:11-14, 새번역).

우리는 마지막 때를 살아갑니다. 바울은 긴급하게 요청합니다. "여러
분은 지금이 어느 때인지 압니다. 잠에서 깨어나야 할 때가 벌써 되었
습니다. 지금은 우리의 구원이 우리가 처음 믿을 때보다 더 가까워졌
습니다(롬 13:11, 새번역)." 그리스도인들은 밤의 시대를 살고 있지만,
그 시기는 곧 끝날 것입니다(롬 13:12). 온전한 하나님의 나라가 이제
곧 도래할 것입니다. 악은 최후의 순간을 맞이할 것입니다. 하나님의
나라가 가까이 왔기 때문에, 하나님 나라의 백성은 그에 걸맞게 행동
해야 합니다.

그리스도인들은 항상 도덕적으로도 준비하고 있어야 합니다. 잠에서
깨어나야 합니다. 세상 사람들과 같이 어둠의 일을 행해서는 안 됩니
다. 우리 안의 은밀한 악은 이제 제거되어야 합니다. 술에 취하여 흥
청대며 먹고 마시는 난잡한 파티와 성적인 죄에서 멀어져야 합니다.
싸움과 시기는 공동체를 갈가리 찢어버리기에 멈춰야 합니다. 이 땅
의 방식으로 사는 것이 아니라 하늘 나그네로서 살아야 합니다. '그
마지막 날'처럼 살아야 합니다. 육신으로 어두움의 일을 버리고 빛나
는 갑옷을 입어야 합니다. 그 갑옷은 그리스도입니다. 그리스도를 입
으십시오.

1. 하나님께 드리는 영적 예배는 무엇과 달라야 할까요(롬 12:2)?
   이 세상의 방식(돈, 쾌락, 명예 등)을 떠나서 온전히 하나님께 나 자신을 드리고 있나요?

2. 교회는 나의 섬김을 통해서 아름답게 세워져 가고 있나요?
   우리 교회는 웃는 자들과 함께 웃고 우는 자들과 함께 울기 위해 무엇을 어떻게 하고 있나요?

3. 바울은 악을 악으로 갚지 않고 모든 사람 앞에서 무엇을 도모하라(롬 12:17)고 가르치나요?

4. 바울은 권세에 순종할 것을 권면합니다. 다스리는 자들은 하나님의 사역자가 되어 우리에게 무엇을 행하는 자인가요(롬 13:4)?
   우리는 그들에게 무엇을 따라 순종해야 할까요(롬 13:5)?

5. 바울은 율법을 무엇이라고 표현하나요(롬 13:10)?
   예수님께서 서로 사랑하라는 새 계명을 주셨습니다. 우리 교회는 이 사랑을 이루는 사랑의 공동체인가요, 아니면 분열과 갈등의 공동체인가요? 사랑의 공동체가 되기 위해 나는 무엇을 할 수 있을까요?

1.

바울은 우리의 몸, 곧 전인격을 하나님께 제물로 드려야 한다고 말하고 있습니다. 영적인 예배는 영혼만을 말하는 예배가 아니라 전인격을 드리는, 하나님께서 받으실만한 합당한 예배라는 뜻입니다. 우리의 삶은 세상 사람들이 이기적으로 살아가는 모습과는 달라야 합니다. 우리의 예배는 주일에 한두 번으로 끝나버리는 것이 아니라 먼저 교회에서 삶으로 드러나야 하고 또 그것이 세상에 영향을 미치도록 해야 합니다.

2.

우리 각자가 받은 은사대로 교회를 바르게 섬긴다면 아름다운 교회를 이룰 수 있습니다. 우리는 각자 떨어진 섬이 아니라 한몸을 이루고 있습니다. 함께 슬퍼하고 함께 기뻐하는 공동체가 되는 것이 교회입니다.

3.

악은 악으로 갚는 것이 아니라 선으로 갚는 것이라고 바울은 권면합니다. 특별히 교회 안에서 우리는 겸손하게 모든 사람과 화목해야 합니다.

4.

하나님께서 권세자들에게 권력을 부여한 것은 악을 억제하고 하나님의 선을 추구하기 위해서입니다. 그들은 하나님의 일꾼이므로(롬 13:6), 우리는 그들에게 합당한 세금을 지불해야 합니다.

5.

사랑은 율법을 다 이룹니다. "모든 계명은 네 이웃을 네 몸과 같이 사랑하여라 하는 말씀에 요약되어 있습니다(롬 13:9, 새번역)."

서로 받음으로
영광을 돌리라 로마서 14:1-15:13

"내 생각이 짧았어. 너를 비난하려던 건 아니었는데,
내 생각을 말하다 보니까 니 생각을, 너를 무시한 꼴이
되었네."
"그렇게 말해줘서 고마워. 나랑 너랑 같은 예수님을
믿는다고 생각과 취향이 다 같을 순 없거든."
"맞아. 옳은 게 뭔지 생각하다 보면 어느 순간 그렇게
되더라고. 내가 절대적으로 옳은 것도 아닌데 말이야."
그 순간, 수진과 은비의 눈에 보이지 않는 찬연한 빛이
그들을 휘감았다.

1. 강한 자와 약한 자 (14장)

바울은 왜 사랑이 율법의 완성이라고 했습니까? 그것은 로마서의 수신자인 로마 교회 교인들에게 사랑을 말하기 위해서입니다. 당시 로마 교회는 교인들이 "강한 자"와 "약한 자"라 불리는 두 그룹으로 나누어져 있었습니다. "약한 자"는 유대인 그리스도인들로 율법을 중시하고 그 규정을 일일이 지키려고 했습니다. 반면에 "강한 자"는 이방인 그리스도인들로 율법의 규정들에 매이지 않아도 된다고 생각했습니다.

> 여러분은 믿음이 약한 이를 받아들이고, 그의 생각을 시비거리로 삼지 마십시오. 어떤 사람은 모든 것을 다 먹을 수 있다고 생각하지만, 믿음이 약한 사람은 채소만 먹습니다. 먹는 사람은 먹지 않는 사람을 업신여기지 말고, 먹지 않는 사람은 먹는 사람을 비판하지 마십시오. 하나님께서는 그 사람도 받아들이셨습니다. 우리가 누구이기에 남의 종을 비판합니까? 그가 서 있든지 넘어지든지, 그것은 그 주인이 상관할 일입니다. 주님께서 그를 서 있게 할 수 있으시니, 그는 서 있게 될 것입니다(롬 14:1-4, 새번역).

"약한 자"인 유대인 그리스도인들은 율법을 지키지 못하는 이방인 그리스도인들을 비난하고 정죄했습니다. 여기에 '비난하고 정죄하다'로 번역된 헬라어 단어는 '심판하다' 또는 '유죄선언을 하다'로도 풀이할 수 있습니다. "강한 자"인 이방인 그리스도인들은 율법에 대해 자유로웠지만, 자신들을 지적하는 유대인 그리스도인들을 사랑할 수 없었습니다. "강한 자"들은 "약한 자"들을 비방하고 조롱했습니다. 그들의 태도도 유대인 그리스도인들과 다를 바 없었습니다.

우리는 자신의 신앙 스타일을 기준으로 삼아 다른 이들을 비난하고 있지는 않은지 돌아보아야 합니다. 한국 교회는 많은 갈래로 찢어져 있습니다. 이렇게 찢어진 이유는 엄청나게 큰 문제 때문이 아니라 사소한 문제 때문인 경우가 대부분입니다. 마치 로마 교회의 교인들이 갈등한 모습과 비슷합니다. 자기들이 주장하는 신앙의 방식을 기준으로 다른 색깔을 가진 이들을 판단하거나 미워하는 경우가 많습니다. 바울은 다음과 같이 말합니다.

> 그러므로 이제부터는 서로 남을 심판하지 마십시다. 형제자매 앞에 장애물이나 걸림돌을 놓지 않겠다고 결심하십시오. 내가 주 예수 안에서 알고 또 확신하는 것은 이것입니다. 무엇이든지 그 자체로 부정한 것은 없고, 다만 부정하다고 여기는 그 사람에게는 부정한 것입니다. 그대가 음식 문제로 형제자매의 마음을 상하게 하면, 그것은 이미 사랑을 따라 살지 않는 것입니다. 음식 문제로 그 사람을 망하게 하지 마십시오. 그리스도께서 그 사람을 위하여 죽으셨습니다. 그러므로 여러분이 좋다고 여기는 일이 도리어 비방거리가 되지 않도록 하십시오. 하나님의 나라는 먹는 일과 마시는 일이 아니라, 성령 안에서 누리는 의와 평화와 기쁨입니다(롬 14:13-17, 새번역).

2. 하나님 나라는 먹는 것과 마시는 것이 아닙니다

바울은 교회 안에서는 결코 서로 정죄하지 않아야 한다고 강하게 주장합니다. 우리는 하나님 나라를 위해서 삽니다. 하나님 나라는 먹는 것과 마시는 것으로 좌우될 수 없습니다. 먹는 것과 마시는 것을 다른 사람을 비난하는 척도로 삼으면 하나님 나라의 가치를 잃어버릴 수 있습니다. 하나님 나라의 가치는 먹고 마시는 일이 아닙니다. 자신의 신앙으로 이것은 먹어서는 안 되고 저것은 먹어도 된다고 기준을 정하고 그 기준으로 형제자매를 정죄해서는 안 됩니다.

하나님 나라는 성령 안에서 하나가 됨입니다. 하나님과 올바른 관계를 맺고 또 형제자매와 올바른 관계를 맺는 것입니다. 그 올바름이 이루어질 때 샬롬이 실현됩니다. 하나님께서는 이 올바름, 의를 이루시기 위해서 예수 그리스도를 보내셨습니다. 그리고 죄인인 우리를 의롭다고 하셨습니다. 의롭다고 여김을 받은 우리는 이제 하나님과 샬롬을 누릴 수 있습니다(롬 5:1-11). 이것은 사람들 사이의 수평적인 관계에서도 실현되어야 합니다. 형제자매들과 올바른 관계를 맺는 공동체가 되어야 합니다. 바로 이것이 하나님 나라에서 중요하게 여기는 가치입니다.

3. 서로 받으라 (15:1-13)

"강한 자"와 "약한 자"는 서로 받아야 합니다. 예수 그리스도께서 우리를 받으신 것처럼 서로 받는 것입니다. 예수님은 도저히 받을 수 없는 우리를 십자가의 사건으로 받아주셔서 하나님께 영광을 돌리셨습니다. "그러므로 그리스도께서 하나님의 영광을 드러내시려고 여러분을 받아들이신 것과 같이, 여러분도 서로 받아들이십시오(롬 15:7, 새번역)."

하나님께 영광을 돌리는 것은 대단한 일을 해내는 것이 아닙니다. 빛나는 무엇인가를 이루어서 영웅이 되는 것이 아닙니다. 세상은 영웅을 좋아하고 그들의 영웅담을 찬양합니다. 영웅을 그리는 할리우드 영화가 많이 제작되고 인기를 누리는 것은 우리가 이해하는 영광이 무엇인지를 보여줍니다. 그러나 바울이 말하는 영광은 이와 달리 우리가 하나가 되는 것과 밀접하게 관련이 있습니다. 그래서 바울은 이렇게 기도합니다. "인내심과 위로를 주시는 하나님께서, 여러분이 그리스도 예수를 본받아 같은 생각을 품게 하시고, 한 마음과 한 입으로 하나님 곧 우리 주 예수 그리스도의 아버지께 영광을 돌리게 해주시기를 빕니다(롬 15:5-6, 새번역)."

영광은 예수 그리스도께서 십자가로 우리를 받으신 것처럼 서로 받는 것을 말합니다. 우리가 서로 사랑할 때, 사랑으로 하나가 될 때, 그곳에 하나님의 영광이 찬란하게 빛납니다. 예수님의 대제사장적 기도인 요한복음 17장은 바로 이 영광을 설명하고 있습니다.

나는 아버지께서 내게 주신 영광을 그들에게 주었습니다. 그것은, 우리가 하나인 것과 같이, 그들도 하나가 되게 하려는 것입니다. 내가 그들 안에 있고, 아버지께서 내 안에 계신 것은, 그들이 완전히 하나가 되게 하려는 것입니다. 그것은 또, 아버지께서 나를 보내셨다는 것과, 아버지께서 나를 사랑하신 것과 같이 그들도 사랑하셨다는 것을, 세상이 알게 하려는 것입니다. 아버지, 아버지께서 내게 주신 사람들도, 내가 있는 곳에 나와 함께 있게 하여 주시고, 창세 전부터 아버지께서 나를 사랑하셔서 내게 주신 내 영광을, 그들도 보게 하여 주시기를 빕니다. 의로우신 아버지, 세상은 아버지를 알지 못하였으나, 나는 아버지를 알았으며, 이 사람들도 아버지께서 나를 보내신 것을 알고 있습니다. 나는 이미 그들에게 아버지의 이름을 알렸으며, 앞으로도 알리겠습니다. 그것은, 아버지께서 나를 사랑하신 그 사랑이 그들 안에 있게 하고, 나도 그들 안에 있게 하려는 것입니다(요 17:22-26, 새번역).

4. 하나가 되는 영광

예수님께서는 이 영광을 제자들에게 주셨다고 말합니다(요 17:22). 예수님께서 영광을 주신 것은 그들이 하나가 되게 하기 위해서입니다. 하나가 됨은 그분의 함께하심, 그분의 사랑과 끊을 수 없습니다(요 17:26). 그래서 예수님은 내가 너희를 사랑한 것과 같이 너희도 사랑하라는 새 계명을 말씀하십니다. "이제 나는 너희에게 새 계명을 준다. 서로 사랑하여라. 내가 너희를 사랑한 것 같이, 너희도 서로 사랑하여라. 너희가 서로 사랑하면, 모든 사람이 그것으로써 너희가 내 제자인 줄을 알게 될 것이다(요 13:34-35, 새번역)." 사랑할 때, 우리는 예수님의 제자로 인정될 것입니다. 삼위 하나님의 영광스러운 하나됨 - 그것이 삼위 하나님의 공동체인 교회가 추구해야 할 영광입니다.

우리는 교회 공동체 안에서 하나입니까? 우리는 정말 사랑의 공동체를 이루고 있습니까? 바울은 두 그룹으로 나뉘어 싸우고 있는 로마 교회 공동체에 사랑을 권면합니다(롬 13:8). 사랑은 율법의 완성입니다. 사랑의 대상은 일차적으로 교회 안의 형제자매입니다. 그리고 교회 밖에도 우리의 사랑이 필요한 이웃이 있습니다. 어떻게, 얼마나 사랑해야 할까요? 그 사랑의 기준은 다름 아닌 예수님입니다.

1. 로마서 14장에서 "강한 자"는 누구인가요? 그리고 "약한 자"는 누구
   인가요? 그들은 왜 서로 갈등했나요?
   나와 신앙 스타일이 다른 사람을 비난하거나 받아들이지 못한 적이
   있나요? 만일 그렇다면 그 원인은 무엇일까요?

2. 우리 교회 공동체는 "의"와 "샬롬"이 실현되는 곳인가요?

3. 바울은 영광을 돌린다는 것을 어떻게 표현하고 있나요(롬 15:1-7)?
   나는 연약하고 흠 많은 지체들을 받아들이고 있나요? 나의 말과 행동
   은 영광의 증거가 되나요?

4. 요한복음 13장 34절과 요한복음 17장 21-26절을 읽고 교회 안에서의
   사랑과 하나 됨이 어떠해야 하는지 나누어보세요. 우리가 나눌 사랑
   의 기준은 다른 것이 아니라 삼위 하나님께서 나누시는 사랑과 영광
   입니다.

1.

그들의 갈등은 비난을 넘어섰습니다. "강한 자"들과 "약한 자"들은
서로를 비난하며 살았습니다. 교회는 결코 서로를 향해 유죄 판결을
남발해서는 안 됩니다. 하나님의 나라에서는 자기 기준으로 남들을
비난하지 않습니다.

2.

교회는 하나님의 샬롬을 진정으로 성취하는 곳이어야 합니다. 이 샬
롬이 실현되기 위해서는 수직적인 하나님과의 관계가 올바르게 회
복되고, 수평적인 사람들과의 관계도 회복되어야 합니다. 이 회복을
"의"라고 합니다.

3.

바울은 로마 교회에 예수님께서 우리를 받으신 것처럼 서로 받을 것
을 요구합니다. 우리도 도저히 받을 수 없는 죄인을 받아야 합니다.

기쁨으로
너희에게 나아가

로마서 15:14-16:27

해마다 이맘때면 이곳저곳에서 후원 요청을 받는다.
도와달라는 곳은 많은데, 지금 내 처지는 누굴 도와줄
형편이 못 된다. 하지만 나도 도움을 받으면서 여기까지
왔는데... 생각해 보면 셀 수 없는 사람들에게 크고 작은
도움을 받았다. 누구한테 어떤 도움을 받았는지 구체적
으로 알지 못하는 경우도 있으니까, 사실 받은 만큼
갚을 수도 없다. 에라, 모르겠다. 어차피 나만 돌보려 해도
돌봐지지 않으니까, 다 같이 천천히 가자.

1. 복음의 제사장 직분 (15:14-21)

바울은 자신의 이방인 사역에 대한 설명을 시작합니다. 그는 자신의
직무가 하나님의 복음을 전하는 제사장이라고 합니다.

> 하나님께서 이 은혜를 내게 주신 것은, 나로 하여금 이방 사람에게 보
> 내심을 받은 그리스도 예수의 일꾼이 되게 하여, 하나님의 복음을 전
> 하는 제사장의 직무를 수행하게 하시려는 것입니다. 그리하여 이방 사
> 람들로 하여금 성령으로 거룩하게 되게 하여, 하나님께서 기쁨으로 받
> 으실 제물이 되게 하시려는 것입니다. 그러므로 나는 하나님을 섬기는
> 일을 그리스도 예수 안에서 자랑스럽게 생각합니다(롬 15:16-17, 새번
> 역).

바울은 자신의 직무를 자랑스러워합니다. 그 이유는 자신의 제사장적
인 사역을 통해서 이방인들을 거룩하게 하고 그들을 하나님께서 기
쁘시게 받는 제물로 드리기 때문입니다. 바울만이 복음의 제사장 역
할을 하는 것은 아닙니다. 우리도 바울과 같은 제사장으로 부름을 받
았습니다(벧전 2:9). 하나님께서 이스라엘을 자신의 백성으로 부른
것은 제사장 나라로 삼기 위함입니다. "세계가 다 내게 속하였나니 너
희가 내 말을 잘 듣고 내 언약을 지키면 너희는 모든 민족 중에서 내
소유가 되겠고 너희가 내게 대하여 제사장 나라가 되며 거룩한 백성
이 되리라(출 19:5-6)" 우리의 부르심은 하나님의 백성이 되고 끝나는
것이 아니라 온 세상을 하나님께서 받으실 만한 제물로 올려드리는
역할로 확장됩니다.

2. 바울의 로마 방문 (15:22-33)

바울은 편지 서두에서 언급했던 로마 방문의 목적을 마지막 부분에서 다시 말하고 있습니다. 바울은 로마를 방문하려는 이유가 스페인 선교 때문이라고 밝힙니다. "여러 해 전부터 여러분에게로 가기를 바라고 있었으므로, 내가 스페인으로 갈 때에, 지나가는 길에 여러분을 만나 보고, 잠시 동안만이라도 여러분과 먼저 기쁨을 나누려고 합니다. 그 다음에 여러분의 후원을 얻어, 그 곳으로 가게 되기를 바랍니다(롬 15:23-24, 새번역)."

바울이 보기에 스페인 사람들의 회심은 하나님의 영광이 열방 중에 선포될 것이라는 이사야 예언의 성취였을 것입니다(사 66:19). 바울에게 이방인의 회심은 가장 큰 관심이자 부르심의 이유였기 때문에 스페인의 사람들에게 복음이 전해지는 것은 그에게 매우 중요한 문제였습니다.

로마로 향하기 전 바울은 예루살렘을 위한 연보를 준비하려고 합니다. "마케도니아와 아가야 사람들이 기쁜 마음으로, 예루살렘에 사는 성도들 가운데 가난한 사람들에게 보낼 구제금을 마련하였기 때문입니다(롬 15:26절, 새번역)." 예루살렘에 복음의 빚을 진 이방인 교회들은 어려운 상황에 처한 예루살렘을 위해서 연보했습니다. 그 돈을 가지고 바울은 예루살렘으로 향하고 있습니다. 이는 바울의 복음 사역의 열정을 읽을 수 있는 대목입니다.

바울의 목적은 당시 땅끝이라고 여겨진 스페인까지 가는 것이었습니다. 그러나 복음의 사역은 그저 복음만을 전하는 일은 아닙니다. 복음의 일은 영적인 메시지만을 나누는 것이 아니라 사람들의 육적인 문제까지도 고려하는 것입니다. 예루살렘 교회를 통해 영적인 메시지를 받았던 유럽의 이방인 그리스도인들은 이제 육적인 도움을 예루살렘 교회에 전하려고 합니다. 바울은 이것을 당연한 일로 여겼으며, 이 나눔은 그들이 함께 한 하나님의 백성이 되었음을 보여줍니다.

> 그들은 기쁜 마음으로 그렇게 하였습니다. 그들은 정말로 예루살렘 성도들에게 빚을 진 사람들입니다. 이방 사람들은 그들에게서 신령한 복을 나누어 받았으니, 육신의 생활에 필요한 것으로 그들에게 봉사할 의무가 있습니다. 그러므로 나는 이 일을 마치고, 그들에게 이 열매를 확실하게 전해 준 뒤에, 여러분에게 들렀다가 스페인으로 가겠습니다(롬 15:27-28, 새번역).

복음의 교제는 기쁜 마음으로 하는 것입니다. 유럽의 교회들은 기쁜 마음으로 예루살렘 교회를 돕습니다. 그리고 바울은 로마로 갈 때, 충만한 복을 가지고 가겠다고 약속합니다. "내가 여러분에게 갈 때에, 그리스도의 충만한 복을 가지고 갈 것으로 압니다(롬 15:29, 새번역)." "그래서 내가 하나님의 뜻을 따라 기쁨을 안고 여러분에게로 가서, 여러분과 함께 즐겁게 쉴 수 있게 되도록 기도해 주십시오(롬 15:32, 새번역)."

성도의 교제는 이처럼 기쁨과 복이 넘칩니다. 갈등과 분열, 시기와 다툼은 교회에서 들려야 할 언어가 아닙니다. 만약 영적으로 갈급한 형제자매가 있다면 우리는 그 갈급함을 채워주어야 합니다. 육체적인 아픔과 괴로움을 당하는 형제자매가 있다면 그것을 어떻게 도울 수 있을지 고심하며 여러 방법으로 채우는 공동체가 되어야 합니다.

3. 복음 안의 동역자들 (16:1-23)

바울은 이어서 여러 그리스도인들에 대한 문안 인사를 통해서 자신의 사랑을 나타냅니다. 로마 교회의 구성원으로 바울의 문안 인사를 받는 사람들은 그리스도 안에 있는 이들이며 바울의 복음을 지지합니다. 그리스도인들은 분쟁을 일으키고 복음을 반대하는 자들을 주의하고 피해야 합니다(롬 16:17). 그들은 사실 우상 숭배자들이며 자신의 이름을 위해 살아가는 자들입니다. 예수 그리스도의 영광과는 상관이 없는 자들입니다. 그들은 교활한 말과 아첨하는 말을 하며 착한 자들을 미혹합니다(롬 16:18). 로마 교회 교인들은 이들에 대해 선한 데 지혜롭고 악한 데 미련해야 합니다(롬 16:19). 이것은 우리를 위한 권면이기도 합니다. 오늘도 여전히 복음에 반대되는 내용으로 교회를 넘어뜨리려고 하는 자들이 존재합니다. 이들을 올바르게 파악하고 그들에게 교회가 넘어지지 않도록 주의해야 합니다. 평강의 하나님께서 곧 사탄과 교회를 넘어뜨리려는 자들을 발아래 상하게 하실 것입니다.

이런 사람들은 우리 주 그리스도를 섬기는 것이 아니라, 자기네 배를 섬기는 것이며, 그럴 듯한 말과 아첨하는 말로 순진한 사람들의 마음을 속이는 것입니다. 여러분의 순종은 모든 사람에게 소문이 났습니다. 나는 여러분의 일로 기뻐합니다. 나는 여러분이 선한 일에는 슬기롭고, 악한 일에는 순진하기를 바랍니다. 평화의 하나님께서 곧 사탄을 쳐부수셔서 여러분의 발 밑에 짓밟히게 하실 것입니다. 우리 주 예수의 은혜가 여러분과 함께 있기를 빕니다(롬 16:18-20, 새번역).

4. 고린도의 동역자들로부터 문안 인사 (롬 16:21-23)

바울은 이제 마지막 인사를 합니다. 바울은 로마서 편지의 첫 내용인
복음, 즉 예수 그리스도에 관한 선포를 다시 언급합니다. 복음은 예수
그리스도에 관한 내용으로, 교회를 든든히 세웁니다. 복음의 선포에
는 하나님의 비밀이 드러났습니다. 모든 이방인들이 하나님께 돌아와
하나님의 백성이 되는 비밀입니다. 이전에 유대인들은 하나님의 나라
는 그들만의 나라라고 생각했습니다. 이제 이방인들도 하나님의 백성
이 되어서 모두가 하나님께 영광을 돌리는 자들이 된다고 바울은 편
지를 마무리하고 있습니다. 바울의 관심은 온통 복음과 하나님의 나
라입니다. 우리의 관심은 어디에 있습니까?

1. 바울은 자신의 직분이 무엇이라고 설명하나요(롬 15:16)?
   나는 복음에 대해 어떤 직분을 맡고 있나요?

2. 복음은 차별이 없습니다. 바울은 유럽 교회에서 연보를 거두어 어렵고
   가난한 예루살렘 교회를 돕는 일을 하고 난 이후에 로마로 가겠다고
   합니다. 유럽 교회의 그리스도인들은 예루살렘 교회를 위해 기쁘게
   연보했습니다. 나의 도움의 손길이 필요한 곳은 어디인가요?

3. 마지막 날이 되면 교회 안에는 분쟁을 일으키는 자들과 복음을 반대
   하는 자들이 나타납니다(롬 16:17). 하나님의 영광과 상관이 없는 이
   사람들은 무엇을 섬기나요(롬 16:18)?

4. 복음은 무엇을 견고하게 하나요(롬 16:26)?
   이 영광이 오늘 우리의 교회 가운데 이루어지고 있나요?

1.

바울은 이방인들을 하나님께서 받으실 만한 제물로 하나님께 올리는 사역을 감당하고 있다고 말합니다. 그는 로마에서 후원을 받아 스페인까지 가고자 합니다(롬 15:23-24). 그의 온 관심은 복음이 땅끝까지 전해지는 것과 그 열매를 하나님께 올려드리는 것입니다. 이것은 바울에게만 주어진 사역이 아닙니다. 우리도 왕 같은 제사장(벧전 2:9)이므로 하나님께 이와 같은 제물을 올려드려야 합니다.

2.

우리의 복음의 일은 단순히 전도를 하는 것이 아닙니다. 우리 가운데 회복시키는 나눔이 일어나는지 질문해야 합니다.

3.

그래서 더욱 우리는 선한 일에 슬기롭고, 악한 일에는 미련해야 합니다(롬 16:19).

4.

복음에는 하나님의 비밀이 드러났습니다. 구약의 모든 말씀이 가르치는 대로, 하나님의 복음을 통해서 영광에 이를 수 없는 죄인들이 하나님 앞에 나아갈 수 있습니다. 그 복음은 차별이 없어서 유대인들과 이방인들 모두에게 기쁜 소식입니다. 그리고 그들은 한 교회로 하나님의 법을 완성하는 사랑의 공동체가 되었습니다.

후
기

―――――

대학교 1학년 봄, 스무 살에 처음 배운 성경은 창세기였다. 생전 처음 듣는 '톨레도트'라는 단어, 성경을 배우는 재미, 꺼내기 어려운 사연을 풀어내고 느끼는 후련함, 조금씩 샘솟는 용기는 교회 청년부에서 만난 그때 그 사람들이 없었다면 경험하지 못했을 것이다. 김명일 목사는 그 시절을 함께 보낸 사람들 중 한 명이다. 성경 공부를 마치고 지하철역 근처 포장마차에서 500원짜리 어묵을 먹으면서 깔깔대고 혹은 징징댔던 날들은 이미 손에 닿지 않는다. 하지만 우리가 교회 공동체를 통해 받았던 은혜는 지금까지 살아 숨 쉬고 있다. 그도 나도 그 은혜로 여기까지 왔다. 전염병의 공포에 떨었던 2020년 한 해가 얼마 안 남은 주일 아침, 눈이 내린다. 비처럼 내린다는 은혜가 오늘은 눈으로 바뀌었다. 천천히 걸으며 로마서의 "영광"을 묵상하기에 좋은 날이다.

정혜덕